Ayúdenme, no puedo dormir

Por qué se pierde el sueño y cómo recuperarlo

JENIFER C. BAUTISTA MELO

AYÚDENME, NO PUEDO DORMIR

Por qué se pierde el sueño y cómo recuperarlo

Edición noviembre de 2022

Título Original: Ayúdenme, no puedo dormir

Autora. Jenifer C. Bautista Melo

Edición y corrección de texto. Oliva González Hernández

Citas bíblicas tomadas de la Nueva Traducción Viviente 2004 a menos que se indique otra diferente.

ISBN 978-958-49-7902-5

DEDICATORIA

A mi mamá, quien ha estado conmigo siempre en este transitar de la vida y que a cada paso está presente cuando recuerdo su buen ejemplo en todo.

CONTENIDO

AGRADECIMIENTOS

A Dios, Padre amoroso a quien sirvo desde muy temprana edad y a quien seguiré amando y sirviendo hasta el último día en esta tierra.

A mi esposo, mi amigo y compañero, quien me motivó a realizar este sueño de escribir y publicar.

A mis padres y mis hermanos por su cuidado espiritual, apoyo en mi tiempo de insomnio y ferviente oración que aún hoy me cubre.

A hermanas en Cristo, amigas que me ayudaron en oración cuando más lo necesité.

A Oliva González, periodista y gran amiga, editora de esta obra, a quien aprecio desde hace muchos años y de quien admiro su ejemplo en el servicio a Dios.

INTRODUCCIÓN

Oré al Señor, y él me respondió; me libró de todos mis temores. Salmos 34:4.

Era una noche de principios de noviembre, precedida por dos semanas de gran estrés para mí. Consideraba que el ambiente ya se estaba aquietando y fui a la cama más tranquila, sin prever que a partir de entonces iniciaría un proceso atemorizador que deterioró significativamente mi calidad de vida.

Cerré mis ojos como de costumbre intentando conciliar el sueño, pero no lo lograba. Cambiaba de postura, acomodaba la almohada, me refugiaba debajo de la cobija y luego me la quitaba; volteaba de un lado para el otro y probaba acostarme boca arriba y boca abajo, pero nada funcionaba.

Empecé entonces a orar y, como suelo hacerlo, recité el Salmo 4:8 RVR 1960: "En paz me acostaré y asimismo dormiré porque solo tú, Jehová, me haces vivir confiado". Aun así, no me fue posible atraer el sueño. Esa noche fue el comienzo de unos largos meses de insomnio.

Solo quien ha vivido esta experiencia puede comprender todo lo que trae consigo. En este libro te relataré cómo, gracias a Dios, pude salir de este abismo profundo y todo lo que aprendí durante un proceso que me llevó a la reflexión bíblica, investigaciones científicas y estudios psicológicos que compartiré contigo amigo, amiga para ayudarte si es que estás viviendo una situación similar o quieres auxiliar a un familiar, amigo o discípulo.

No solo te invito a leer sino a poner en práctica las recomendaciones que se dan en cada capítulo, entonces lograrás ser libre de esta terrible prisión. Para ello te pido no abandonar el libro porque no responde todas tus dudas en las primeras páginas, lee hasta el final, sé que Dios hablará a tu corazón como lo ha hecho al mío.

CAPÍTULO 1.
EL SUEÑO, REGALO DE DIOS

"Entonces el Señor Dios hizo que el hombre cayera en un profundo sueño. Mientras el hombre dormía, el Señor Dios le sacó una de sus costillas y cerró la abertura. Entonces el Señor Dios hizo de la costilla a una mujer, y la presentó al hombre".
Génesis 2:21-22

¿Qué es el sueño según la ciencia?

Según el Instituto Nacional de Salud Infantil y Desarrollo Humano (NICHD), el sueño es un período de inconsciencia durante el cual el cerebro permanece sumamente activo. Es un proceso biológico complejo que ayuda a las personas a procesar nueva información, mantenerse saludables y rejuvenecer.

Durante el sueño, el cerebro pasará por ciclos de cinco fases distintivas: cuatro fases y el sueño de movimientos oculares rápidos.

¿Qué es el sueño según Dios?

Desde el comienzo de la humanidad el sueño ha estado presente como lo describe la Biblia en el libro de los inicios (Génesis). Como Dios tiene la soberanía sobre el hombre para inducirlo al sueño profundo, sin causarle dolor le sacó una costilla, cerró la abertura y de esa materia prima creó a la mujer, quien sería el complemento para darle sentido e inicio a la humanidad en esta tierra. En otras palabras, la primera anestesia aplicada en la tierra la utilizó Dios.

¡Sabe el creador manejar lo que creó! Es Dios quien diseñó el sueño como descanso para el cuerpo y la ciencia médica lo corrobora diciendo que es la etapa en que se restauran el cuerpo y la mente.

❧ **Es Dios quien da el sueño:**

Pues que a su amado dará Dios el sueño. Salmo 127:2b RVR1960

❧ **Dios habla a través del sueño en visión nocturna:**

Pues Dios habla una y otra vez, aunque la gente no lo reconozca. Habla en sueños, en visiones nocturnas, cuando el sueño profundo cae sobre las personas mientras están acostadas. Job 33:14-16

A través de la historia Dios siempre se ha comunicado con el ser humano. Al principio lo hizo directamente cara a cara, era así como hablaba con Adán y Eva, pero una vez el ser humano falló, hubo una ruptura en esa comunicación así que este Dios maravilloso, que nunca ha querido perder el contacto con nosotros, empezó a comunicarse de otras maneras y una de ellas es el sueño.

Cuando cae el sueño profundo al ser humano Dios puede entrar y hablarle a lo más íntimo de su ser. Él usó los sueños para hablarles a muchos personajes en la Escritura y sigue haciéndolo hoy.

En la Biblia, los sueños que Dios da no son como los que tenemos comúnmente, confusos y sin sentido, los sueños que dio a sus escogidos en tiempos bíblicos fueron coherentes, con un contenido muy claro.

Un ejemplo del mensaje claro que Dios da en sueños fue cuando le habló a José, el padre adoptivo de Jesús, para advertirle del peligro que corría en su tierra porque Herodes buscaba al niño para matarlo. Obediente al mandato de Dios en un sueño, José huyó a Egipto junto con su esposa e hijo y gracias a su obediencia, Jesús, siendo tan pequeñito, fue librado de morir a manos de ese malvado rey. Una vez murió Herodes, Dios se comunicó con José por medio de otro sueño en el que le dijo que regresara a Galilea. *Mateo 21:3-15 y Mateo 19:23.*

Otro sueño registrado en la Biblia y que fue de gran trascendencia hasta hoy, es el que tuvo el profeta Daniel, donde Dios le mostró varias bestias que representaban gobiernos poderosos en la tierra. El primero fue el gobierno de Babilonia y el último, el que está por acontecer, el gobierno del anticristo. *Daniel 7:1-27.*

Y no fueron estos sueños los únicos, hay una serie de experiencias similares tanto en el Antiguo Testamento como en el Nuevo.

En el libro de Ester está el relato de un rey a quien se le fue el sueño y eso cambió el destino de una nación.

"Esa noche el rey no podía dormir, entonces ordenó a un asistente traerle el libro de la historia de su reino para leerlo. En los registros, descubrió el relato de cuando Mardoqueo informó del complot que Bigtana y Teres, dos de los eunucos que cuidaban la puerta de las habitaciones privadas del rey, habían tramado para asesinar al monarca. —¿Qué recompensa o reconocimiento le dimos a Mardoqueo por este acto? —preguntó el rey". Ester 6:1-3.

Fue Dios quien le quitó el sueño al rey Asuero para que leyera el libro de memorias y descubriera que no habían honrado a Mardoqueo, padre adoptivo de Ester a quien el malvado Aman iba a colgar ese día. Lo contradictorio fue que al entender el rey el olvido mandó al mismo Amán a honrar a Mardoqueo y este tuvo que hacerlo a pesar de que ardía de ira por ello.

Este relato bíblico se enmarca en la victoria de los judíos en los días del rey Asuero luego de haber sido llevados cautivos para experimentar humillación y muerte, pero Dios les dio honra y vida.

Dios maravilloso y sabio que sabe dirigir todo para:

"ordenar que a los afligidos de Sion se les dé gloria en lugar de ceniza, óleo de gozo en lugar de luto, manto de alegría en lugar del espíritu angustiado; y serán llamados árboles de justicia, plantío de Jehová, para gloria suya". Isaías 61:3 RVR1960

Los Evangelios relatan cómo Jesús se quedó dormido en la barca donde también iban sus discípulos.

Jesús en su humanidad se cansaba y necesitaba dormir. Pero el día que se quedó dormido en la barca cuando arreciaban las olas y se inundaban, pienso que lo hizo para enseñar a sus discípulos a estar en paz y tener fe a pesar de las circunstancias.

En aquella ocasión, mientras se desataba una feroz tormenta y violentas olas inundaban la barca, Jesús dormía plácidamente en la parte posterior, con la cabeza recostada en una almohada. Entonces, los discípulos lo despertaron con angustia:

"¡Maestro! ¿No te importa que nos ahoguemos?". Jesús despertó y, sin perder la calma, reprendió al viento y dijo a las olas: "¡Silencio! ¡Cálmense!". "De repente, el viento se detuvo y hubo una gran calma". Marcos 4:37-39.

Además de las historias bíblicas sobre el sueño también hay promesas:

Dios nos cuida siempre, en su divinidad no duerme

En efecto, el que cuida a Israel nunca duerme ni se adormece. Salmo 121:4.

¿Acaso nunca han oído? ¿Nunca han entendido? El Señor es el Dios eterno, el Creador de toda la tierra. Él nunca se debilita ni se cansa; nadie puede medir la profundidad de su entendimiento. Isaías 40:28.

Una promesa para nuestros días:

Entonces, después de hacer todas esas cosas, derramaré mi Espíritu sobre toda la gente. Sus hijos e hijas profetizarán. Sus ancianos tendrán sueños, y sus jóvenes tendrán visiones. Joel 2:28.

🍀 Dios envía un sueño profundo al campamento enemigo de David

En el libro de 1 de Samuel en su capítulo 26 habla sobre cómo Dios mismo le mandó un sueño profundo a Saúl y todo su ejército que acampaban cerca de donde estaba David porque buscaban su vida para matarlo. De esta forma pudo David entrar al campamento enemigo y tomar las prendas del rey para mostrarle luego que Dios estaba con él dándole en sus manos la vida de sus enemigos, pero David siempre tuvo el temor del Señor y dejó que fuera Él quien se encargara de remover al rey ungido sobre Israel.

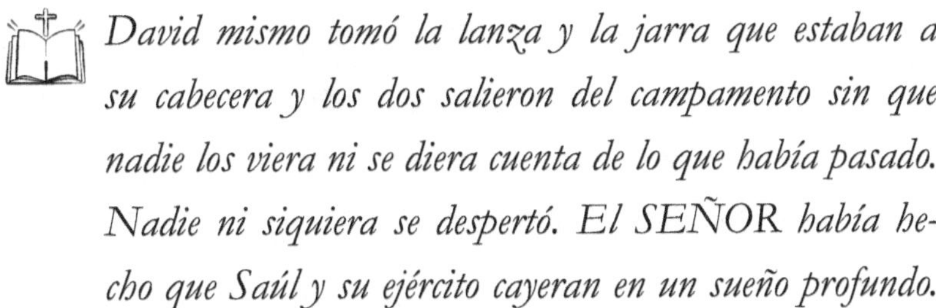

David mismo tomó la lanza y la jarra que estaban a su cabecera y los dos salieron del campamento sin que nadie los viera ni se diera cuenta de lo que había pasado. Nadie ni siquiera se despertó. El SEÑOR había hecho que Saúl y su ejército cayeran en un sueño profundo. 1 Samuel 26:12 PDT

🍀 Un sueño profundo cayó sobre todos los discípulos de Jesús.

En su hora más angustiante sobre la tierra, el Hijo de Dios quien iba a ser entregado esa noche para morir por toda la humanidad les pide a sus discípulos que lo acompañen en oración para que ellos no entraran en tentación, pero, cuando en ese monte de Getsemaní se retiraba para orar y volvía a ellos los hallaba durmiendo.

Yendo un poco adelante, se postró sobre su rostro, orando y diciendo: Padre mío, si es posible, pase de mí esta copa; pero no sea como yo quiero, sino como tú. Vino luego a sus discípulos, y los halló durmiendo, y dijo a Pedro: ¿Así que no habéis podido velar conmigo una hora?
Mateo 26:39-40 RVR 1960

Otra vez fue, y oró por segunda vez, diciendo: Padre mío, si no puede pasar de mí esta copa sin que yo la beba, hágase tu voluntad. Vino otra vez y los halló durmiendo, porque los ojos de ellos estaban cargados de sueño. Y dejándolos, se fue de nuevo, y oró por tercera vez, diciendo las mismas palabras. Entonces vino a sus discípulos y les dijo: Dormid ya, y descansad. He aquí ha llegado la hora, y el Hijo del Hombre es entregado en manos de pecadores.
Mateo 26:42-45 RVR 1960

Fases o etapas del sueño

Cuando dormimos, nuestro cerebro pasa por ciclos que tienen cinco fases. Estos ciclos se repiten durante toda la noche. Algunas fases o etapas ayudan a que el cuerpo, al despertar, se sienta descansado y con energía, y otras, ayudan al aprendizaje y a crear recuerdos.

Primera fase: comienza con el dormitar. El cuerpo lentamente comienza a relajarse y los movimientos y el cerebro se ralentizan.

Segunda fase: se inicia el "sueño ligero". En este momento, la temperatura corporal desciende, aumenta la relajación muscular y disminuye el ritmo cardíaco.

Tercera y cuarta fases: tiene lugar el sueño profundo. Al iniciar estas fases se restauran el cerebro y el cuerpo. Además, se consolida la memoria, se restauran las células y se eliminan las toxinas del cerebro. En caso de que una persona se despierte durante esta etapa, surge la sensación de aturdimiento y desorientación.

Sueño REM: (movimiento ocular rápido). Los sueños en esta fase son muy vívidos porque es aquí cuando el cerebro está activo. Esta etapa se repite varias veces en todo el ciclo del sueño. En el organismo, los músculos sufren parálisis. Los estudios realizados dicen que es el 75 por ciento de todo el sueño. A medida que avanza la noche, se hacen más cortos los períodos de sueño profundo y más largos los períodos de sueño REM por lo que casi al despertarnos soñamos más.

Por qué es importante el sueño

Cada fase de sueño es importante para un óptimo rendimiento físico y mental. Según el Instituto Nacional de Salud Infantil y Desarrollo Humano (NICHD), cada etapa de sueño es trascendental para garantizar el descanso completo de la mente y el cuerpo. Unas fases son necesarias para ayudar a que se sienta distendido y energético al otro día, mientras que otras, le ayudan a procesar información y a crear recuerdos.

Durante el sueño el organismo produce hormonas que ayudan a los niños a crecer y, durante toda la vida, a producir masa muscular, combatir enfermedades y reparar los daños que sufre el organismo.

El sueño es esencial para el crecimiento y el desarrollo. Algunas hormonas que se producen durante el sueño afectan el uso de la energía del organismo. Este puede ser el motivo por el cual no dormir bien provoca obesidad y diabetes.

Por otra parte, un sueño inadecuado contribuye a generar problemas de aprendizaje y procesamiento de información en corto plazo, y puede tener un efecto dañino en el bienestar y la salud a largo plazo. Según los

Centros para el Control y la Prevención de Enfermedades (CDC), más del 25 por ciento de los adultos estadounidenses cree que no duerme lo suficiente al menos 15 de cada 30 días.

La falta de sueño afecta el desempeño de las tareas cotidianas, el estado de ánimo y la salud de las siguientes maneras:

Rendimiento. Reducir las horas de sueño, así sea apenas una hora, puede dificultar el tiempo de reacción y de concentrarse al día siguiente. El sueño insuficiente también hace propensa a la persona a correr riesgos y a tomar malas decisiones.

Estado de ánimo. El sueño afecta el estado de ánimo. Un sueño insuficiente puede provocar irritabilidad y contribuir a los problemas de relacionamiento, en especial en niños y adolescentes. Así mismo, las personas que no duermen lo requerido corren más riesgo de deprimirse.

Salud. El sueño es importante para la buena salud. La falta de sueño o la falta de calidad del sueño, aumenta el riesgo de tener presión arterial alta y enfermedades cardíacas, entre otras dolencias.

La calidad del sueño se ve afectada por factores ambientales, como las molestias mientras se duerme o aquellas que no permiten permanecer dormido toda la noche.

✎ *No valoramos hasta que perdemos*

Cuando perdemos algo que nos atrae o nos llama mucho la atención, nos duele. Cuando perdemos un negocio, duele; cuando perdemos a un ser querido duele, y duele mucho; cuando perdemos un ascenso que queríamos, duele; cuando perdemos lo que consideramos importante sentimos que el mundo a nuestro alrededor se derrumba y es entonces cuando le damos gran valor a aquello que poseíamos y dábamos por hecho.

De forma consciente los seres humamos controlamos lo que tiene que ver con la inteligencia: tomamos decisiones, caminamos, hacemos ejercicio, comemos, planificamos, jugamos, conversamos, en fin, hacemos todo lo relativo a la conducta que podemos ejercer a voluntad propia.

Por otra parte, las personas no controlamos la respiración, los latidos del corazón, el fluir de la sangre en las venas, la digestión ni la memoria, entre muchos más procesos del organismo humano. Todo esto es trabajo del inconsciente, Dios lo hizo así y no tenemos que hacer ningún esfuerzo para ejecutar estos procesos innatos.

Con relación al sueño, jamás podemos pedirle al cuerpo que tenga ganas de dormir, eso también viene con nuestro "equipo de salvavidas", o "soporte de sobrevivencia" que Dios puso en nuestro sistema. Es un regalo del Creador para descansar el cerebro y el cuerpo. Como casi todo en la vida no lo llegamos a valorar tanto como cuando lo perdemos alguna vez.

Yo había escuchado a personas que perdieron el sueño y tenían que medicarse para dormir, eso lo veía con asombro, respeto, sentimiento de vulnerabilidad y rogaba a Dios que jamás me aconteciera.

Mi historia cuando perdí el sueño

La primera noche que pasé de largo sin dormir estaba sorprendida de que me ocurriera ya que no tenía una preocupación aparente o inmediata. Como cada día, atendí a mi esposo que sale a trabajar a las cinco de la mañana y luego me ocupé de mi bebé mientras meditaba en el porqué de mi desvelo. Me consolé con la idea de que solo habría sido esa noche y dormiría profundamente cuando llegara la hora de acostarme en ese segundo día. Lo inconcebible fue que, al anochecer, cuando cerré los ojos, y sin luz ni ruidos que me molestaran, tampoco logré conciliar el sueño.

La situación se repitió durante tres interminables meses, en los que solo dormía dos o tres horas por noche. En ocasiones dormía toda la noche dos días seguidos y me alegraba porque pensaba que había vuelto a la normalidad, sin embargo, al tercer día me encontraba luchando con el insomnio de nuevo y me sentía desilusionada.

Pasada una semana, fui a una farmacia a buscar un medicamento natural que le trajera tranquilidad a mi cuerpo, pensando que eso me ayudaría. Llamó mi atención la leyenda prometedora de la etiqueta de unas pastillas: "Melatonina", y las busqué en internet. Todo lo que leí era bueno y los médicos recomendaban tomarla si había trastornos de sueño.

Aprendí que la Melatonina es una hormona inductora del sueño generada por el mismo cuerpo, que se va produciendo a medida que disminuye la luz del sol para llevar a dormir. También, que está más presente en la edad juvenil y se va acabando cuando envejecemos. Como vi que hay muchos alimentos que la contienen, empecé a consumirlos más seguido: leche, huevo, banana, maíz y avena, entre otros. Integré también el té de valeriana para relajarme.

Sé de varias personas a las que estos remedios les han hecho efecto, pero en mi caso no fue así. Pasaban los días y las noches y yo continuaba igual. Cuando se considera que ya se hizo todo lo posible y no ve salida, las fuerzas se debilitan y se siente que de lo humano no queda casi nada. Es entonces cuando urge echarle mano a lo divino y entregarse profundamente a Dios, eso fue lo que hice.

Lo primero fue reconocer que el sueño es un regalo del Creador que no había valorado y agradecido lo suficiente, entonces decidí dedicarme en aquellas noches de insomnio a la oración y a la lectura de la palabra.

Estando en ello encontré un versículo bíblico que alumbró mi ser:

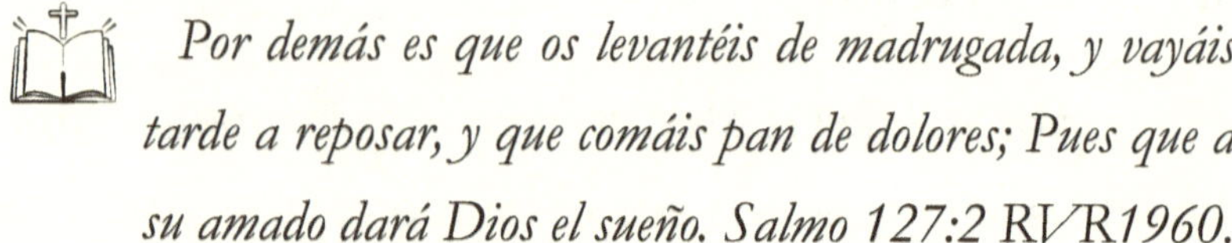

Por demás es que os levantéis de madrugada, y vayáis tarde a reposar, y que comáis pan de dolores; Pues que a su amado dará Dios el sueño. Salmo 127:2 RVR1960.

Este texto hizo explosión en mi mente y sentí alegría porque comprendí que si Dios da el sueño entonces había esperanza para mí.

Todo el día, mientras hacía los quehaceres de la casa, estuve meditando en esa palabra, pero entonces una idea asaltó mi corazón y me generó tristeza porque empecé a dudar del amor del Señor: "*¿Padre, entonces, tú no me amas?*", le pregunté.

Era lógico, desde la perspectiva de este salmo, que el favor de Dios se había alejado de mí, pues si a quienes Dios ama, les da el sueño, y mi cuerpo ya no respondía a esa función natural, entonces, ¿qué me quedaba?, ¿a quién podía acudir? Como se preguntaba el salmista David:

¿A quién tengo en el cielo sino a ti? Te deseo más que cualquier cosa en la tierra. Salmo 73:25

Empecé a buscar en mi mente qué había hecho para ofender a Dios, pero no lo encontraba; tampoco hallé nada a la luz de la Palabra que me revelara en qué le había fallado al Señor. Le preguntaba a Dios: *"¿Qué hice o no hice por fuera de tu voluntad?"*.

Entendí que es en esta condición cuando las personas hacen votos, pactos, preguntas difíciles: *"Señor, si tú me das esto yo te daré aquello"*, *"Dios, ¿qué quieres de mí?"* Yo pregunté: *"Dios, ¿me estás llamando al ministerio pleno?"*, y le pedí: *"revélame qué debo hacer"*.

Mi viaje a Colombia

En menos de un mes debía ir a Colombia a visitar a mi familia con unos boletos de avión comprados previamente. Tenía que viajar sola porque a mi esposo no le dieron vacaciones y solo hasta un mes después podría reunirse con nosotros para regresar juntos a los Estados Unidos, nuestro país de residencia.

Pensé en cancelar el viaje por temor a lo que podría experimentar en el camino o por la posibilidad de que mi estado se complicara porque había leído que la salud física y mental de quien no duerme bien tiende a deteriorarse y eso se me había convertido en una pesadilla.

Llamé a mi mamá y a mi hermano y les comenté la situación. Les pedí oración y ayuda para buscar la voluntad del Señor en cuanto a la viabilidad de mi visita a Colombia.

Ellos oraron y sintieron paz por mi viaje. Me expresaron que volver a tener a mi familia y abrazarlos me haría sentir bien y sería una oportunidad de descansar y distraerme.

Mi hermano, que tenía a cargo los ayunos en la iglesia, me dijo que sería bueno aprovechar mi presencia para orar juntos por lo que me estaba sucediendo, y si era un ataque espiritual, facilitar la obra de Dios para liberarme.

Lo hablé con mi esposo y él estuvo de acuerdo en que pasara la navidad con mi familia en Colombia, considerando que había personas que podrían ayudarme, pues él ya no sabía qué hacer ya que me veía a las tres de la mañana levantarme y salir con mi cobija llorando hacia el otro cuarto donde me escuchaba orar y buscar consuelo en la Palabra.

Faltaba una semana para viajar y mi ansiedad aumentaba. Yo pensaba en que mi bebé de dos años pesaba más, que tal vez no pudiera estar tranquilo en el vuelo, que el virus del COVID -latente para esa época- era un gran riesgo por tanta gente encerrada en el avión y por la incomodidad de los tapabocas ¡Uf!

El día del vuelo llegó y yo estaba ahí en el aeropuerto, con mi esposo llevando la maleta de mano en donde tenía todo lo necesario para atender a mi bebé durante las siete horas de vuelo hasta Bogotá.

Lo bueno fue que mi pequeño durmió todo el tiempo y yo, tendida en esa silla, dormí las siete horas completas, despertando solo en algunas ocasiones para vigilar el profundo sueño de mi hijo. ¡Gloria a Dios llegué al aeropuerto El Dorado renovada!

Enseguida tomé otro vuelo hacia mi amada Cúcuta, ciudad de la frontera tristemente afectada por el conflicto interno de Venezuela, pero donde nace la esperanza y una nueva realidad, como dice mi pastor José Satirio Dos Santos, y afirma el muy amigable costeño, de corazón cachaco, mi pastor Emilio de los Ríos, quien se siente allí como pez en el agua.

Cúcuta es cálida, con ríos hermosos que bañan sus contornos. El aire corre imponente por sus calles haciendo vibrar los árboles como si aplaudieran todo el tiempo. La música alegre caracteriza algunos sectores de la ciudad, al igual que el trinar de los pájaros en su canto matutino. Los centros comerciales abren sus puertas muy temprano y las cierran hasta altas horas de la noche. Siempre se puede ver gente caminando por los parques entre frondosos árboles y se escucha a lo lejos el pregón de los vendedores de comidas típicas como empanadas, solteritas, morcillas, dulces y tinto (café). Todo eso nunca se puede olvidar y reavivó mi ser.

Mi llegada la esperaban familiares, amigos y hermanos de la Iglesia. Ya acomodada en casa, oraba cada noche con mi familia antes de ir a la cama, pero mientras ellos se iban a dormir yo seguía despierta escuchando la respiración profunda de mi niño que descansaba plácidamente. Yo le clamaba al Señor: *"¡por favor, regálame un sueño profundo como el que disfruta mi bebé, lo necesito!"*.

Y, ¿qué haces en las noches mientras los demás duermen? Mi mamá se acostaba a mi lado para alentarme, oraba por mí, pero luego era vencida por el sueño, mientras yo seguía ahí mirando el techo.

El reloj que pasaba lento, mi hijo que dormía tan a gusto, *"¿qué hago?"*, me preguntaba. Dar un paseo en medio de la noche no era una buena idea, no había alguien que me acompañara en esa desesperada opción.

Cuando salía a la sala me sentaba en una mecedora y ahí descansaba un poco, pero de repente era asaltada por los ruidos del amanecer y con ellos la angustia de saber que el sueño no había llegado, y de día me sería imposible dormir.

A pesar de eso, mi familia decía que no se me notaban ni ojeras ni cansancio. Yo solo oraba al Señor: *"está bien si quieres quitarme el sueño por alguna razón que desconozco, pero, por favor, que pueda continuar con mi diario vivir y no se afecte mi salud, tengo un hijo pequeño que depende de mí"*.

La respuesta del Espíritu Santo

Empecé a asistir a los ayunos los sábados en la iglesia, veía liberaciones y sentía la presencia preciosa del Señor. Me trajo mucha tranquilidad lo que mi hermano me dijo en un momento: *"no tienes que preocuparte por no poder dormir, ni pensar que debes hacerlo para no enfermarte; no importa si es otro día sin sueño, Dios está en control, seguiremos orando y Él dará la respuesta".*

Sus palabras me parecieron sabias porque comprendí que algo que trae inestabilidad y carga negativa al hecho de no poder dormir es desesperarse por no conseguirlo. Así que no debes darle cabida en tu mente a cosas negativas, a pensar que te vas a enfermar, que está mal no dormir, que algo está mal contigo. En lugar de eso, entrega la ansiedad al Señor y aprovecha la noche de vigilia para orar y meditar en la Palabra.

Efectivamente, como había dicho mi hermano, la respuesta de Dios llegó. Cierto día mientras él oraba por mí, Dios le reveló la causa del insomnio. Me dijo que habían puesto un velo para que viera de manera diferente a unas personas y situaciones, lo cual abrumó mi espíritu y asumí cargas que no debía llevar ni el Señor me había pedido que lo hiciera. Entendí entonces que lo que espíritu, alma y mente viven se refleja en el mundo físico y el cuerpo lo sufre.

Lo interesante fue que Dios ya me lo había mostrado meses atrás, antes de perder el sueño, pero no asimilé que eso estaba pasando conmigo. Quiero enseñarte lo que dice la Biblia al respecto:

 *"Ahora, hijo de hombre, denuncia a las mujeres que profetizan según su propia imaginación. Esto dice el SEÑOR Soberano: Qué aflicción les espera a ustedes, mujeres, que atrapan el alma de mi pueblo, tanto de los jóvenes como de los mayores. Les atan amuletos mágicos en las muñecas y les dan velos mágicos para la cabeza. ¿Acaso piensan que pueden atrapar a otros sin provocar su propia destrucción?". Ezequiel 13: 17-18.*

Es de resaltar en este texto que Dios condena toda prenda mágica y Él mismo asegura que estos velos son puestos a su propio pueblo.

Muchos aseguran que jamás un hijo de Dios puede ser afectado por el accionar del mal sobre su vida o su entorno; pero en esta porción del libro de Ezequiel el Señor muestra que un cristiano si puede tener los ojos vendados para ver una situación o personas de la forma que favorezca los intereses de estos encantadores que buscan neutralizar y entorpecer la carrera de un hijo o hija de Dios.

Dios quiere ver a su pueblo libre de toda esclavitud. Por eso Él me inspiró a escribir este libro, para que tú, que estás pasando situaciones difíciles que te han quitado el sueño, encuentres paz una vez seas libre de ansiedad, de miedo, de todo yugo impuesto por el enemigo o quizás por ti mismo.

Amado amigo o hermano en Cristo, la batalla espiritual es real, se libra a diario, no debemos bajar la guardia. Y no es que debamos pensar que todo está endemoniado o que todos quieren dañarnos, porque así no viviremos la vida plena que Dios quiere darnos; solo que como cristianos debemos ser prudentes, llevar cada situación a nuestro Creador y no tomar decisiones importantes si no estamos seguros de que esa es Su perfecta voluntad.

Es necesario buscar el consejo de Dios y dejar de confiar en las personas más que en Él. Lo digo porque la especialidad del enemigo es vestirse como ángel de luz, ese es su mejor traje, y el que lleva la mayor parte del tiempo.

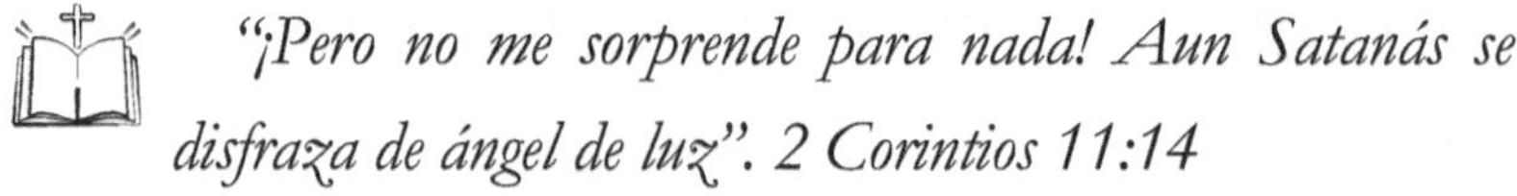

"¡Pero no me sorprende para nada! Aun Satanás se disfraza de ángel de luz". 2 Corintios 11:14

El hecho de que una persona te sonría o sea simpática contigo no significa que quiera lo mejor para ti, o que sus consejos o deseos estén a tu favor; debes llevar todo en oración.

Si Dios lo hizo conmigo también lo puede hacer contigo

"Les quitaré los velos mágicos y rescataré a mi pueblo de las garras de ustedes. Ellos ya no serán más sus víctimas. Entonces ustedes sabrán que yo soy el SEÑOR". Ezequiel 13:21

El largo periodo de incertidumbre, miedos y ansiedad que experimenté por la falta de sueño afectó también las relaciones con mis seres queridos y con Dios. Pensaba mal todo el tiempo de mi esposo, vivía malhumorada y teniendo todo lo que necesitaba no lo disfrutaba, me costaba mucho orar, estaba fría espiritualmente.

Hoy entiendo la sabiduría del Señor al pasarme por esos meses de insomnio que me llevaron a buscarlo con profundidad. Una vez recibida esa palabra de ciencia que Dios reveló a mi hermano, las cadenas de opresión, esos lazos de maldad, esos velos mágicos espirituales se cayeron, desaparecieron para nunca más volver.

Mi visión se aclaró una vez la luz del Señor entró nuevamente a mi interior y empecé a ver todo con amor y alegría. Fue sorprendente cómo todo recobró sentido y color porque, sin exagerar, mi visión se había tornado en blanco y negro; no quería estar en la casa, cuando salía tampoco disfrutaba, nada llenaba mi corazón y no tenía paz interior, aunque me esforzara. Hoy disfruto mi familia, mi casa, la ciudad donde vivo, todo me hace feliz.

Como consecuencia de buscar al Señor con toda mi alma y corazón en ayuno y oración, sentí que lo que estaba atormentándome, atándome, se rompió. Disfruto cada mañana, cada día es una nueva oportunidad para vivir con intensidad, para apreciar lo que Dios me regala con cada amanecer.

Me detengo a ver pájaros en los árboles, escucharlos, abrazo con intensidad a mi hijo y juego más con él. Me gozo al arreglar mis plantas, disfruto preparar la comida que les gusta a mi hijo y a mi esposo. Amo a mis amistades y oro por ellas. Dios me volvió el gozo y la paz que son los regalos más valiosos que un ser humano pueda tener.

Hice mi parte impidiendo los estorbos que querían distraer mi mente y quitarme la paz. Siendo consciente de que esos tropiezos, grandes o pequeños, vendrán mientras esté aquí en la tierra, comprendí que permanecer en la paz del Señor depende también de nosotros.

¡Tú guardarás en completa paz a aquel cuyo pensamiento en ti persevera; porque en ti ha confiado! Isaías 26: 3

Pues no luchamos contra enemigos de carne y hueso, sino contra gobernadores malignos y autoridades del mundo invisible, contra fuerzas poderosas de este mundo tenebroso y contra espíritus malignos de los lugares celestiales. Efesios 6:12

Y sigo proclamando que:

Así es, y el Señor me librará de todo ataque maligno y me llevará a salvo a su reino celestial. ¡A Dios sea toda la gloria por siempre y para siempre! Amén. 2 Timoteo 4:18

Ahora, con toda la autoridad que tiene quien ha vivido una experiencia y no habla desde la teoría, te digo con convicción: ¡Si Dios lo hizo conmigo, también lo puede hacer contigo!

CAPÍTULO 2.
EL INSOMNIO

 ## *¿Qué es el insomnio?*

El insomnio es un desarreglo del sueño en sus diferentes etapas que dificulta dormir o permanecer dormido por un periodo adecuado para la reparación mental y física del individuo.

Según la Asociación estadounidense de psicología (APA), una persona que tenga dificultades para dormir al menos tres noches a la semana durante un mínimo de tres meses, presenta un cuadro clínico grave de insomnio que debe ser tratado.

 *Causas del Insomnio: físicas, emocionales y espirituales*

Se habla de tres desórdenes físicos y emocionales del sueño que pueden causar insomnio o empeorarlo.

1- Apnea obstructiva del sueño. Es un desorden muy común. Ocurre cuando las vías respiratorias se tapan parcial o completamente durante el sueño ocasionando su interrupción. Algunas veces las personas no recuerdan haber despertado y volver a dormir, pero en otras ocasiones se despiertan y no pueden conciliar el sueño de nuevo.

2- Síndrome de las piernas inquietas. Sucede cuando se mueven involuntariamente las piernas en el tiempo del sueño porque se siente cosquilleo o quemazón. Tal condición dificulta dormir profundamente y ocasiona que al día siguiente se experimente cansancio. En este caso, es importante consultar a un experto que pueda ayudar a corregir el trastorno con un tratamiento médico.

3- Depresión. La depresión es una de las enfermedades más comunes de la actualidad, y ocurre con frecuencia que quienes la padecen experimentan insomnio porque las llamadas "hormonas de la felicidad", que son liberadas por neurotransmisores para facilitar el sueño, se ven afectadas.

Debido a la trascendencia de esta enfermedad dedicaré un espacio importante al tema.

Todo empieza con un pensamiento

Un pensamiento se convierte en emoción en nuestro cuerpo porque el cerebro no distingue entre realidad y ficción. Cuando se piensa en algo, el cerebro cree que es verdadero y el cuerpo siente lo que el pensamiento le está transmitiendo.

La palabra preocupación significa anteponerse a una ocupación. Viene del latín praeoccupatio, praeoccupationis (ocupación previa o anticipada). Este verbo se forma con prae- (antes) y el verbo occupare (ocupar), lo cual se traduce en anteponer el pensamiento a la realidad.

Podemos pasar el día ocupando nuestro cerebro con situaciones que aún no suceden. La gente se enferma más por lo que piensa que por los hechos reales, lo que conlleva al estrés y puede causar una reacción nerviosa.

Dios nos ha diseñado con lo que los científicos llaman *Sistema Nervioso Autónomo*, encargado de lo que no podemos controlar, como el sueño y los sistemas digestivo, circulatorio, respiratorio y, en fin, la interconexión de todos los órganos del cuerpo. Este sistema ayuda a estar en alerta y repara el organismo en situaciones de estrés, haciendo que vuelva a la relajación habitual.

El Sistema Nervioso Autónomo se divide en dos: Sistema Nervioso Simpático y Sistema Nervioso Parasimpático.

El Sistema Nervioso Simpático funciona a través de neuronas interconectadas que activan al cuerpo ante situaciones de estrés y peligro para que corra, se defienda o se esconda. Es la conocida respuesta de lucha o huida, derivada de la liberación de hormonas que funcionan como neurotransmisores que le indican al cuerpo cómo proceder ante una amenaza.

Estos mensajeros son el cortisol, la noradrenalina y la adrenalina que producen las siguientes reacciones entre otras:

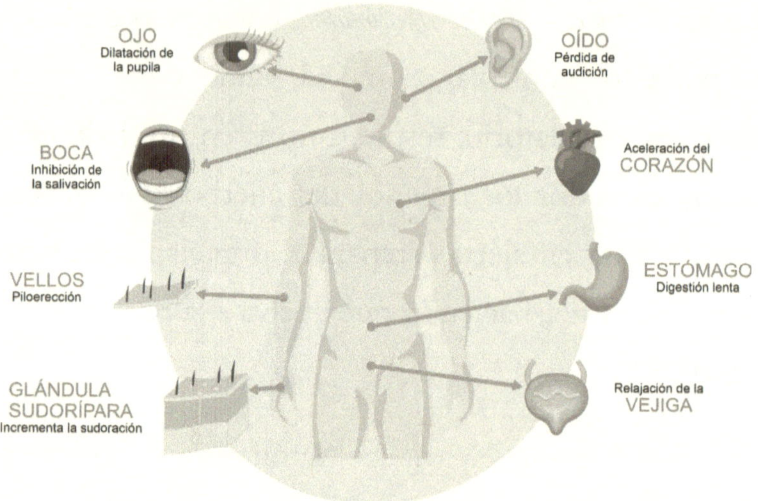

*Aumentan el ritmo cardiaco (taquicardias) para estimular los músculos mediante la irrigación de sangre.

*Aumentan la presión sanguínea.

*Detienen la digestión, la producción de saliva y producen más sudoración.

*Dilatan las pupilas para mejorar la visión.

*Dilatan los bronquios pulmonares para ayudar a respirar mejor y llevar más oxígeno al cerebro.

*Liberan energía almacenada en glucosa a los tejidos para ayudar a escapar o luchar. Por ejemplo, si te encuentras ante situaciones de peligro tu cuerpo reacciona rápido, ya sea para correr al sentir cerca de ti un león o para defenderte si un perro te quiere morder.

Lo más impresionante de nuestro sistema nervioso es que el cuerpo experimenta lo mismo si está viendo una situación en un aparato electrónico o la presencia directamente, porque, como dijimos antes, el cerebro no distingue la ficción de la realidad para activar el estado de alerta.

El Sistema Nervioso Parasimpático hace lo contrario del Simpático. Lleva al cuerpo a reponerse de lo vivido por episodios de alerta o estrés. A ese cuerpo que estuvo "prendido", ahora empieza a bajarle las luces de encendidas a tenues, lo repara y lo va llevando a un estado de relajación. Restaura los tejidos del cuerpo, induce al sueño, estabiliza el sistema inmunológico, regula la salud sexual, normaliza el sistema digestivo, relaja los músculos y conserva la energía en el cuerpo.

Sistema Nervioso Parasimpático

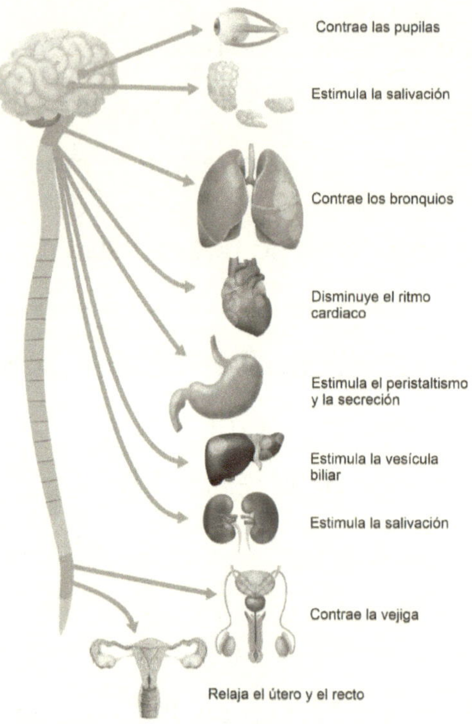

Para su trabajo, el Sistema Parasimpático libera neurotransmisores, el más conocido es *la acetilcolina* que además de ayudar a mantener en óptimas condiciones al cerebro, induce al sueño REM, la etapa en la que enigmáticamente se envían señales a diferentes lugares del cerebro.

El sueño REM representa el 25 por ciento del ciclo del sueño y ocurre en los primeros 70 o 90 minutos después de conciliar el sueño. Recordemos que la jornada sagrada de dormir es un ciclo que se repite y entramos en estado REM varias veces durante la noche.

La colina es un nutriente esencial que el cerebro y todo el sistema nervioso necesita para regular la memoria y el estado de ánimo. Es la que ayuda a generar este neurotransmisor llamado acetilcolina. La colina se encuentra en grandes cantidades en la yema del huevo y el salmón, también en vegetales como brócoli, coliflor, papa, frijol, nueces, semillas, granos enteros y verduras, así como en el pollo y productos lácteos.

Para lograr un buen estado de ánimo y salud física, se debe tener un equilibrio entre el Sistema Simpático y el Parasimpático. Igualmente, evitar niveles altos de ansiedad y miedo sin permitir al cuerpo repararse de sucesos de estrés. Hay gente que vive estresada todo el día y al llegar la noche, sigue con el foco prendido.

Este mundo acelerado en el que vivimos no da tiempo para repararnos porque no permite hacer pausas porque la prioridad de los hijos, la pareja, otros familiares, amigos o el trabajo ocupan nuestra agenda y no tomamos un necesario descanso para nosotros mismos y para Dios.

El Salmo 1 exhorta a meditar en la Palabra de Dios como remedio para la sequedad espiritual y provisión de fortaleza para la salud plena y la prosperidad. El Señor Jesucristo nos dio ejemplo en todo y esta no es la excepción, siempre se apartaba a solas para descansar y hablar con Dios.

Como cristianos, a veces no nos damos tiempo para reposar y entregar las cargas a Dios. Quién más apropiado para ayudarnos que nuestro Creador, que nos conoce más que cualquier otro y nos ha extendido la invitación a descansar en Él:

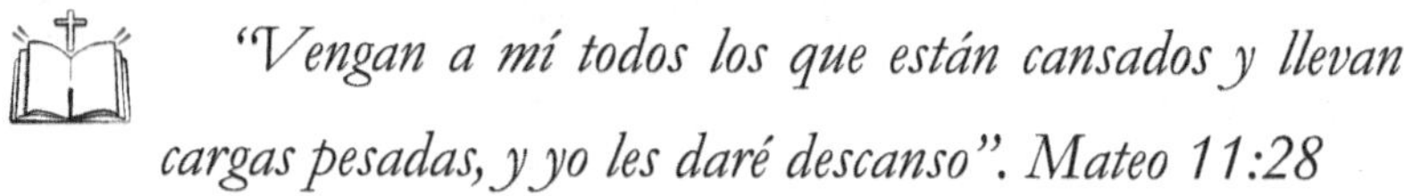

"Vengan a mí todos los que están cansados y llevan cargas pesadas, y yo les daré descanso". Mateo 11:28

Querido amigo, amiga la invitación está servida, ven cada día a descansar en los brazos de tu Padre Celestial. Deja esos pensamientos frustrantes esa carga martirizante, ese problema enfermizo a Sus pies y no dudes de Su provisión de paz para ti.

"Les dejo un regalo: paz en la mente y en el corazón. Y la paz que yo doy es un regalo que el mundo no puede dar. Así que no se angustien ni tengan miedo". Juan 14:27

Muchos líderes cristianos no toman el tiempo para recuperarse emocionalmente y viven estresados por el fragor del trabajo en la obra de Dios. Nunca debemos dejar de entrar en oración a la presencia sanadora de nuestro Padre que nos ama, y siempre tenemos que llevar toda situación a Quien todo lo puede.

Querido líder o lideresa, no te cargues por los problemas ajenos. Escucha todo y entrega a Dios en oración a la persona y su situación para que Él se encargue. Eso es humildad, contraria a creer que podemos soportarlo todo.

El gran líder Moisés experimentó un momento de estrés muy fuerte con semejante responsabilidad de guiar a toda una nación por el desierto hacia la tierra prometida. No se percató que estaba sobremanera cargado por todo el trabajo que tenía ya que en ese punto de su vida no estaba delegando a otros el trabajo, sino todo lo estaba haciendo él solo.

Entonces el suegro de Moisés le dijo:

 *"No está bien lo que haces. Desfallecerás del todo, tú, y también este pueblo que está contigo; porque el trabajo es demasiado pesado para ti; no podrás hacerlo tú solo".* *Éxodo 18:17-18. RVR 1960*

Y le aconsejó que delegara a otros el trabajo:

 *"Oye ahora mi voz; yo te aconsejaré, y Dios estará contigo. Está tú por el pueblo delante de Dios, y somete tú los asuntos a Dios. Y enseña a ellos las ordenanzas y las leyes, y muéstrales el camino por donde deben andar, y lo que han de hacer. Además, escoge tú de entre todo el pueblo varones de virtud, temerosos de Dios, varones de verdad, que aborrezcan la avaricia; y ponlos sobre el pueblo por jefes de millares, de centenas, de cincuenta y de diez. Ellos juzgarán al pueblo en todo tiempo; y todo asunto grave lo traerán a ti, y ellos juzgarán todo asunto pequeño. Así aliviarás la carga de sobre ti, y la llevarán ellos contigo". Éxodo 18:19-22. RVR 1960*

Lo bueno de este punto de la historia es que Moisés le hizo caso a las recomendaciones de su suegro y vivió mucho más para sostener espiritualmente a este pueblo que transitaba por el desierto hacia la tierra prometida.

Es el vívido caso de muchos pastores y líderes espirituales que quieren hacerlo todo desgastándose de más y descuidando su comunión íntima con el Dios que les llamó a hacer la obra. Se desgastan por la obra de Dios a tal punto que no tienen tiempo para su familia, para sí mismos, menos para el Dios de la obra y se marchitan a la vez que la obra se estanca por más que pongan todo su esfuerzo físico y financiero.

Un espíritu ungido no va de la mano con un cuerpo sumamente cansado porque no pueden conectarse. Y, al contrario, un cuerpo sumamente relajado sin estrés no puede conectarse con un espíritu sin unción para hacer descender la gloria de Dios. Y lo vemos en el caso del gran profeta Elías cuando se escondió en la cueva para morir porque la voz de una mujer lo amenazó de muerte y eso lo aturdió después de haber hecho una gran hazaña con el respaldo de Dios.

Una vez escondido en esa cueva, Dios le preguntó a Elías el porqué de su actitud miedosa; seguidamente vino un viento recio y fuerte que soplaba, pero dice la Escritura que Dios no estaba ahí, solo estuvo en el viento suave y apacible que vino luego, lo cual hizo que se aquietara el espíritu de Elías y pudiera salir de la cueva de la autocompasión y el desánimo hacia el próximo paso grandioso que Dios tenía para él.

El estrés viene a nuestras emociones por algo llamado ego. El estrés es estar ocupado en el pasado o en el futuro creyendo que podemos arreglar por nuestra cuenta lo imposible. Estar viviendo en el pasado es atormentarnos por lo sucedido, por lo que no evitamos o hicimos.

Querido, querida, por favor observa lo que dice Dios:

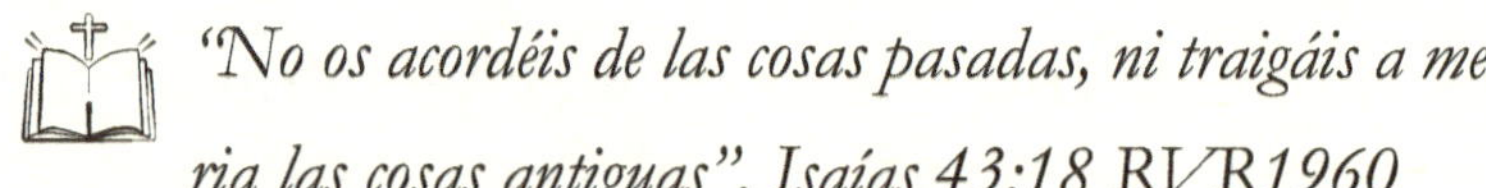 *"No os acordéis de las cosas pasadas, ni traigáis a memoria las cosas antiguas". Isaías 43:18 RVR1960*

Y al respecto del mañana dice el Señor que no debemos preocuparnos:

"Así que no se preocupen por todo eso diciendo: "¿Qué comeremos?, ¿qué beberemos?, ¿qué ropa nos pondremos?". Esas cosas dominan el pensamiento de los incrédulos, pero su Padre celestial ya conoce todas sus necesidades". Mateo 6:31-32

Acto seguido nos manda a buscar primeramente el Reino de Dios y su justicia para que todas las cosas sean añadidas:

"Así que no se preocupen por el mañana, porque el día de mañana traerá sus propias preocupaciones. Los problemas del día de hoy son suficientes por hoy". Mateo 6:34.

Y en vez de afanarnos cada día deberíamos:

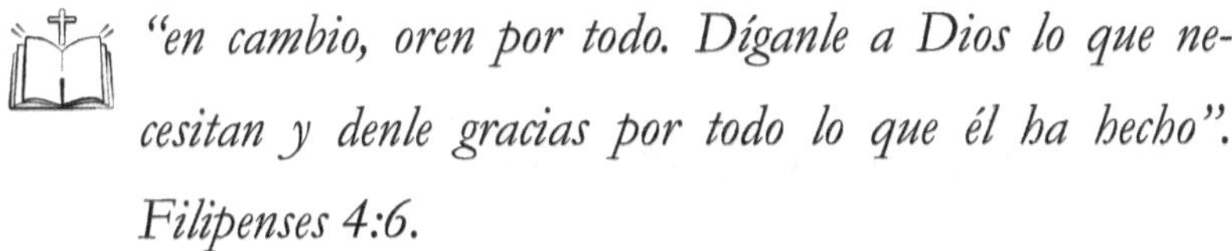 *"en cambio, oren por todo. Díganle a Dios lo que necesitan y denle gracias por todo lo que él ha hecho". Filipenses 4:6.*

Mira lo que dice este salmo sobre cómo se siente una persona en depresión y cuál es la medicina para no quedarse en este estado:

¿Por qué estoy desanimado? ¿Por qué está tan triste mi corazón? ¡Pondré mi esperanza en Dios! Nuevamente lo alabaré, ¡mi Salvador y mi Dios! Salmo 42:11.

Querido amigo, lo primero que debes entender y jamás olvidar es quién es Dios. Así nada ni nadie podrá moverte de tu felicidad.

Dios es tu luz y tu salvación. Salmo 27:1

Dios es tu amparo y fortaleza. Salmo 46:1-2

Dios es tu escudo. Salmo 3:3

Dios es tu baluarte. Salmo 18:2

Dios es el omnipotente y sabio. Jeremías 32:27

Dios es el creador del universo. Romanos 1:20

Dios es tu Padre eterno. Salmo 103:13

Dios es tu mediador. 1 Timoteo 2:5

Dios es tu juez justo. Salmo 7:11

Dios todo lo conoce. 1 Corintios 2:10-11

Dios es Amor.1 Juan 4:7-8

Un personaje que experimentó la depresión fue el rey David y él entendió estos principios. De ahí que muchos de sus salmos se refieren a un Dios presente y no ausente, un Dios capaz de enviar socorro en medio de la angustia. David fue un hombre que conocía tanto a Dios que jamás dudó de la provisión de Él a lo largo de su vida.

En uno de los momentos más oscuros, David exclamó:

"Sálvame oh, Dios, porque las aguas de la inundación me llegan al cuello. Me hundo cada vez más en el fango; no encuentro dónde apoyar mis pies. Estoy en aguas profundas, y el torrente me cubre". Salmo 69:1-2.

Este salmo es claro ejemplo de cómo se siente una persona deprimida y lo que puede pensar de lo que sucede a su alrededor. Quizás no hay persecución real, ni nadie procura su mal, pero el dolor emocional nubla su razón al punto de llevarla a pensar que todos la odian y que no hay salvación para ella.

Y en cuanto a la relación de la depresión y la falta de sueño, también David lo refleja en un salmo que es identificado como la oración de un afligido:

"No logro conciliar el sueño; parezco ave solitaria sobre el tejado". Salmo 102.7 NVI.

El caso de la menopausia precoz

El cese de la menstruación o menopausia llega a cada mujer de manera diferente dependiendo de su estado de salud, vida social, sexual y hábitos alimenticios. Algunas de ellas manifiestan que no experimentaron ningún síntoma que les alertara de la interrupción de su ciclo menstrual.

Otras mujeres sufren diferentes molestias como los llamados "sofocos", una sensación de calor intensa acompañada de sudor, palpitaciones y en muchos casos de ansiedad, que genera situaciones frustrantes ya sea en el trabajo o en el hogar y repercuten de forma negativa en el estado de ánimo, llevando inclusive a la perdida de sueño por las noches.

Aunado a lo anterior, en el proceso de la menopausia no solo se ve afectado el nivel de estrógenos en el organismo, también el de progesterona, y estas dos hormonas sexuales femeninas son producidas por el ovario que tiene en sus principales funciones controlar el sueño.

El trastorno de perder el sueño por esta causa sucede principalmente en mujeres que experimentan menopausia precoz, es decir, la que comienza entre los 40 y 45 años de edad.

Causas espirituales

Además de lo físico y lo emocional, el insomnio puede tener causas espirituales. Le ocurrió a mi hermano, quien me ayudó en mi proceso como conté en páginas anteriores.

Durante varios meses mi hermano no pudo dormir. En una vigilia del Centro Cristiano un pastor joven oró por él y, sin conocer la situación, le dijo que su insomnio se debía a una brujería que alguien le había hecho. Mediante el don de ciencia, el pastor describió a la persona y mi hermano la identificó. Aquella noche él fue libre y nunca más volvió el problema. Vale decir que esa experiencia le acercó mucho a Dios y le dio elementos para ayudarme a mí.

Algunas personas en su angustia o por curiosidad consultan brujos y adivinos, conducta reprobada por Dios que expone al riesgo de la contaminación por contacto con espíritus inmundos.

 *"No te contamines al recurrir a médiums que consultan con los muertos. Yo soy el Señor tu Dios". Levítico 19:31.*

Al respecto, un músico de la iglesia donde me congregaba me contó una situación que vivió.

Cuando él no era cristiano fue a la casa de un amigo a celebrar su grado del colegio. A mitad de la noche, en medio de la música y el alcohol, el anfitrión sacó una tabla ouija y los invitó a jugar. Aunque este joven no participó, se quedó para observar. De repente vio cómo las cosas de la casa se movían: mesas, sillas, plantas y entonces quedó sobrio de inmediato y salió de allí despavorido.

Lo que él no sabía era que ese episodio le causaría muchas noches de insomnio. Veía espantos y hasta una mano de muerto que surgía de su entrepierna para atraparlo. No podía quedarse solo porque el pánico lo invadía. Lo único que lograba era levantarse y prender las luces.

Cuando me contó que no podía dormir y del ataque espiritual que experimentaba, le pregunté si había acudido alguna vez a un lugar de brujería. Me aseguró que no, pero entonces recordó aquel episodio ocurrido años atrás en su juventud.

Al cuestionarlo por no haberle pedido perdón a Dios por eso, se excusó argumentando que no había participado directamente. Le enseñé por la Palabra que el solo hecho de haber estado ahí lo contaminó porque abrió puerta a los demonios para que lo atormentaran, y aun años después lo seguían haciendo a pesar de que él era cristiano.

Le expliqué también que había dado un derecho legal a los demonios que únicamente él podría revocar y solo así contrarrestaría el ataque emocional y espiritual que sufría porque, aunque servía en la iglesia no avanzaba y su vida espiritual era superficial.

Enseguida lo guie a pedirle perdón a Dios Padre por ese hecho, a renunciar en oración a la influencia del enemigo y a cerrar la puerta que había abierto a los espíritus inmundos. Desde ese día nunca más fue atormentarlo por las noches y recobró su sueño tranquilo. ¡Gloria a Dios!

¿Cuáles son tus miedos?

"Pues yo te sostengo de tu mano derecha: yo, el Señor tu Dios. Y te digo: "No tengas miedo, aquí estoy para ayudarte". Isaías 41:13

El miedo es una trampa en la que no debemos caer consciente o inconscientemente. Es imposible evitar que llegue el miedo, pero sí podemos enfrentarlo y evitar que nos controle o nos paralice. Este peligroso enemigo muchas veces es responsable de que perdamos el sueño, por eso hablaremos de cómo neutralizarlo.

El no poder dormir se asocia a una conducta del cerebro llamada extrema atención, relacionada con los más altos niveles de alerta que el cerebro puede tener. Pasa cuando estamos sobrecargados por una situación o problema que nos esté robando la paz.

En mi caso, cuando perdí el sueño por tres meses, yo estaba muy cargada con situaciones que no llevé totalmente a los pies de mi Señor Jesucristo para descansar en Él. Creía tener la capacidad de resolverlo sola y me desgastaba pensando en cómo hacerlo con mis fuerzas. Esa es la trampa del ego, de la que hablamos anteriormente.

Querido amigo, amiga, nada se compara a los brazos protectores y amorosos de nuestro Dios. En nuestra humanidad, no podemos sobrellevar muchas circunstancias, debemos dejarlas en las manos del Todopoderoso y descansar en su regazo. Jesucristo fue enviado para dar libertad a los cautivos y a los presos apertura de la cárcel espiritual (*Isaías 61:1*).

Hay esperanza para ti en Jesucristo el hijo de Dios. Hay sanidad de tus emociones si han sido dañadas. Jesucristo vino a sanarte y liberarte.

"El Señor es mi luz y mi salvación, entonces ¿por qué habría de temer? El Señor es mi fortaleza y me protege del peligro, entonces ¿por qué habría de temblar?"
Salmo 27:1

¿Qué te paraliza? Enfréntalo por la fe. Ora a Dios, llénate de valor y sal al campo de batalla. Recuerda que aún el reino de los cielos es para los valientes.

Hay diferentes tipos de miedos que pueden afectarnos a los seres humanos, analizaremos los más recurrentes, con la visión del poder de Dios para superarlos todos.

Miedo a la enfermedad y la muerte

"Jesús le dijo: Yo soy la resurrección y la vida. El que cree en mí vivirá aún después de haber muerto". Juan 11:25.

"Les dijo: «Si ustedes escuchan atentamente la voz del Señor su Dios y hacen lo que es correcto ante sus ojos, obedeciendo sus mandatos y cumpliendo todos sus decretos, entonces no les enviaré ninguna de las enfermedades que envié a los egipcios; porque yo soy el Señor, quien los sana". Éxodo 15:26

Esta promesa en el libro de Éxodo fue hecha por el mismo Señor al pueblo de Israel cuando los llevaba camino del desierto a la tierra prometida. Estoy segura de que Dios no quiere vernos enfermos ni derrotados. Sí prueba nuestra fe, Él tiene la soberanía para hacerlo, pero por su naturaleza de amor jamás permite algo para derrotarnos, solo para nuestro bienestar y crecimiento.

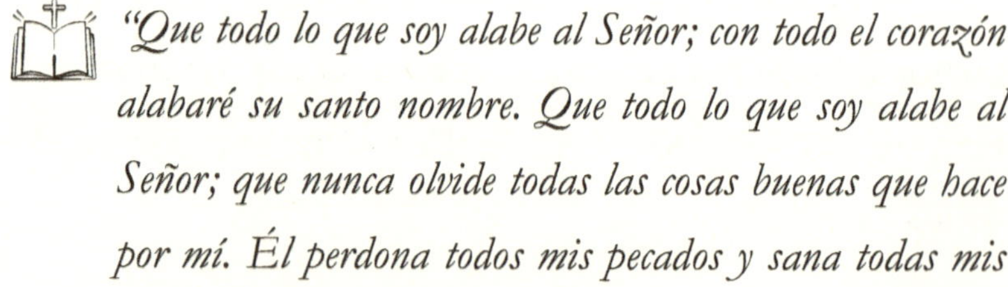

"Que todo lo que soy alabe al Señor; con todo el corazón alabaré su santo nombre. Que todo lo que soy alabe al Señor; que nunca olvide todas las cosas buenas que hace por mí. Él perdona todos mis pecados y sana todas mis enfermedades". Salmo 103:1-3

A principios del año 2020, cuando comenzó la pandemia del COVID y los medios de comunicación estaban saturados de información sobre el tema, le pregunté al Señor en oración qué debíamos comer para subir las defensas y estar sanos porque se daban cantidad de recetas para ello.

Como suele suceder, casi siempre el Señor no me contesta al instante sino cuando estoy distraída pensando en algo diferente. Recuerdo que mientras caminaba por el patio de la casa, escuché la voz de Dios diciéndome: *"El que sacia de bien tu boca de modo que te rejuvenezcas como el águila"*. Era el Salmo 103:5. Supe que era la respuesta a mi interrogante de días pasados y reflexioné: *"¿qué es lo que sacia de bien mi boca que hace que me rejuvenezca como las águilas?"*.

Dos cosas vinieron a mi mente: la buena alimentación y el confesar permanentemente palabras de bienestar. Ahora, podemos pasar toda la vida reprendiendo la enfermedad y declarando en fe, pero no seremos sanados hasta que cambiamos los hábitos alimenticios. Esa es nuestra responsabilidad, no la de Dios; quien come hasta casi vomitar y se llena de comida chatarra es la persona, no Dios, así que no puedes pretender que Él arregle el asunto.

Nuestro cuerpo es el templo del Espíritu de Dios aquí en la tierra y, por lo tanto, ante sublime responsabilidad, es indiscutible que lo cuidemos. *1Corintios 6:19-20.*

Si has perdido tu salud a causa de una mala alimentación a lo largo de los años, pídele perdón a Dios, cambia los malos hábitos y espera el milagro de sanidad.

A principios del año 2016 yo estaba afectada de los hombros y de la espalda, al punto que el dolor no me dejaba dormir. Debido a mi trabajo como supervisora financiera, cargaba una maleta muy pesada en las visitas que hacía a pueblos del Magdalena Medio en Colombia, y aunado a ello, el trabajo como líder de jóvenes en la iglesia me generaba mucho estrés. Toda esa presión hizo que salieran grandes nudos en mi cuello y hombros.

El dolor era tan intenso que decidí ir a una masajista, pero ella no pudo ayudarme. Me dijo que nunca había visto nudos tan grandes y me sugirió ir a un profesional de la salud que me practicara varias sesiones.

Tendida en el suelo y con lágrimas en los ojos le pedí perdón al Señor por haber descuidado su templo y le supliqué me quitara el dolor.

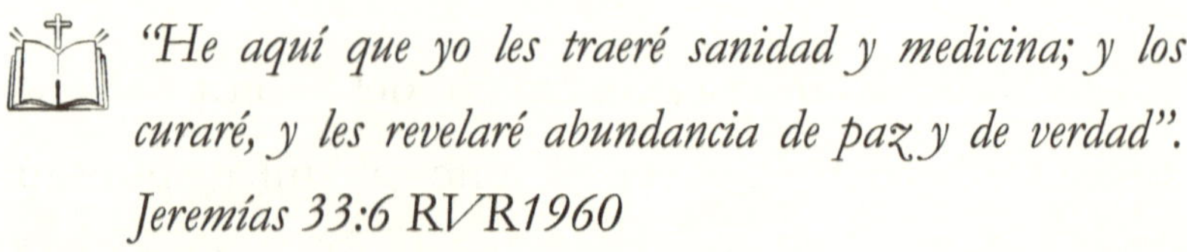

"He aquí que yo les traeré sanidad y medicina; y los curaré, y les revelaré abundancia de paz y de verdad".
Jeremías 33:6 RVR1960

El dolor desapareció milagrosamente y no me di cuenta en qué momento se desvanecieron los nudos, solo lo noté un día que al tomar una ducha pasé mi mano por mis hombros y espalda y ya no los sentí. ¡Alabé al Señor por la sanidad!

Ese mismo año, empecé a ver luces y me mareaba cada vez que me ponía de pie. Fui de inmediato al médico y luego de pasar por unos exámenes, resulté con el colesterol muy elevado. Quien leyó mis exámenes se sorprendió y me dijo que yo era muy joven para estar en esa condición. Enseguida me preguntó si me ejercitaba y comía bien. Tuve que responderle con sinceridad que no iba al gimnasio hacía más de un año y era sedentaria porque pasaba largas horas frente al computador.

Recordé también que el último mes había comido azúcar en exceso debido a que estábamos recogiendo fondos para el congreso de jóvenes vendiendo dulces de la región y yo había adquirido varios de ellos. Con la intención de ayudar, le hice daño a mi cuerpo, pues podía haber consumido solo algunos y regalar los demás.

En resumen, me formularon una gran cantidad de pastillas con la indicación de tomarlas de por vida.

También me recomendaron practicar ejercicio y comer saludablemente. Salí muy triste del consultorio y reclamé las pastillas.

Cuando llegué a la casa tuve una charla con el Señor; le pedí perdón llorando por haber descuidado mi cuerpo y una vez más le rogué por sanidad. Con convicción, decidí botar las pastillas y declaré que jamás sería esclava de ningún medicamento porque Jesús ya había pagado por mi sanidad en la Cruz.

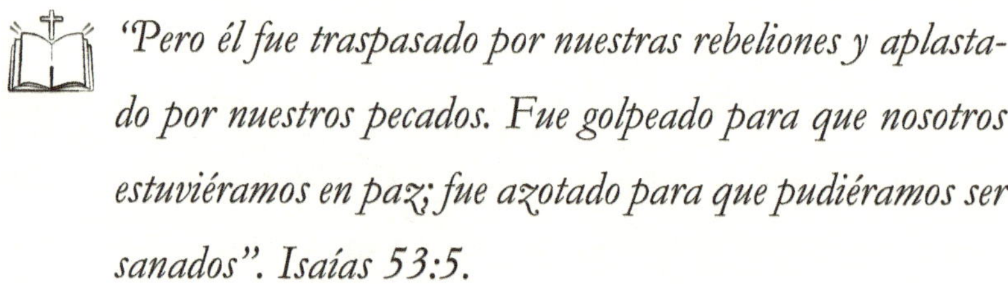 *"Pero él fue traspasado por nuestras rebeliones y aplastado por nuestros pecados. Fue golpeado para que nosotros estuviéramos en paz; fue azotado para que pudiéramos ser sanados". Isaías 53:5.*

Por supuesto hice mi parte, me inscribí al día siguiente en el gimnasio, comencé a tomar más agua y a comer de forma saludable, sin exceso de azúcares y harinas. El resultado fue maravilloso, se acabaron los mareos y las luces, mi cuerpo se sentía enérgico y podía caminar largos trayectos. Cuando iba a visitar hermanos de la iglesia o a evangelizar, procuraba caminar en lugar de usar un medio de transporte.

Si tienes una enfermedad, llámese como se llame, y el dolor, ardor o picazón no te dejan dormir, te digo que Dios puede sanarte de ese azote. Confía en Él de todo corazón que un día responderá a tu favor.

No acudas a santeros prometedores de falsas curaciones, bebedizos o rezos, ya vimos las terribles consecuencias que acarrean; muchos quedan atados a enfermedades que ni la medicina puede explicar. Acude a la fuente de la sanidad, Cristo Jesús.

Dios dice que:

 *"Pues mi pueblo ha cometido dos maldades: me ha abandonado a mí la fuente de agua viva y ha cavado para sí cisternas rotas ¡que jamás pueden retener el agua!" Jeremías 2:13.*

Miedo a la soledad

Para muchas personas estar solas es un deleite. Disfrutan la compañía de sí mismos, pueden expresar sus emociones orando, leyendo, escribiendo, elaborando una obra de arte o cocinando. Pero no toda la gente es así, para algunos, estar solos es sinónimo de miedo, tristeza y depresión. La ciencia ha llamado a este trastorno autofobia, y lo define como sentir pánico por quedarse solo.

La autofobia puede generar dependencia hacia los hijos. Si la persona no tiene pareja, y aunque los hijos estén casados, buscará la forma de vivir con ellos porque no se siente capaz de vivir solo o sola. Trabajar individualmente es imposible para algunas personas, siempre buscan compañía y su creatividad no fluye si no están en grupo.

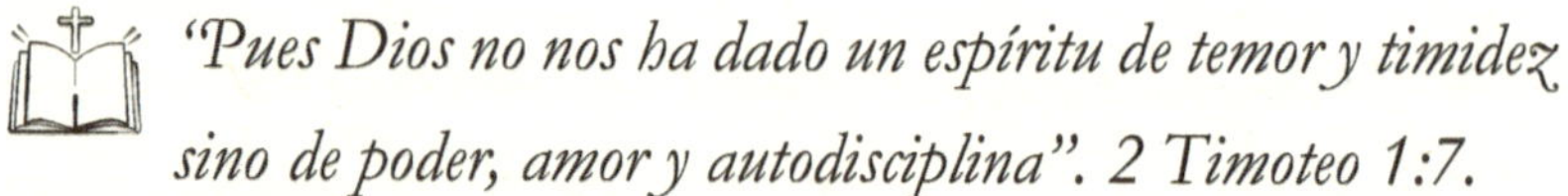

"Pues Dios no nos ha dado un espíritu de temor y timidez sino de poder, amor y autodisciplina". 2 Timoteo 1:7.

Dios quiere liberarte hoy de esa opresión. Podrás estar solo contigo mismo sin salir corriendo a buscar compañía ni sentir que todo se derrumba. Invita al Espíritu Santo a llenar tu vida, a quitarte el pánico y a poner paz dentro de ti.

Haz esta oración conmigo:

"Amado Dios, en este momento tu Palabra me enseña que tú no has puesto en mí un espíritu de temor ni de pánico. Eso no viene de ti. Por eso te pido, en el nombre poderoso de Jesucristo, que quites de mi vida ese espíritu

que me atormenta. Ayúdame a recordar qué generó esa si-
tuación para pedir perdón y cerrar esa puerta en el nombre
de Jesús, porque tú quieres que yo tenga dominio propio.
Ahora recibo tu Espíritu Santo. Gracias Padre amado,
hoy recibo tu paz que llena mi corazón. Amén".

 Miedo al "qué dirán"

Hablar frente a compañeros de clase o del trabajo, acercarse a la persona por la que se siente atracción o
compartir a otros el amor de Dios, genera cierto temor.
Pero cuando ese sentimiento se convierte en un estilo
de vida que aísla a la persona de todo tipo de contacto o
participación, se convierte en algo destructivo.

"No digas: "Soy demasiado joven"—me contestó el Se-
ñor—, porque debes ir dondequiera que te mande y decir
todo lo que te diga. No le tengas miedo a la gente, porque
estaré contigo y te protegeré. ¡Yo, el Señor, he hablado!
Luego el Señor extendió su mano, tocó mi boca y dijo:
¡Mira, he puesto mis palabras en tu boca! Jeremías 1:7-9

Dios quiere liberarte de ese sentimiento que,
aunque no lo reconozcas, te priva de grandes experiencias y de tener una vida plena. Él te promete que jamás

estarás solo, que siempre estará contigo, entonces ¿por qué temer?, ¿por qué no confiar y creerle al Señor? Él ha dicho de ti lo bueno, lo mejor.

No des cabida a las mentiras del enemigo, cree en lo que Dios dijo que haría de ti. Inclusive, aunque hayas cometido errores que jamás pensaste, su promesa sigue vigente. Si le buscas con un corazón humilde y arrepentido, Dios sigue estando a tu lado como un padre cuidando a su hijo sin importar lo que digan los demás.

✤ Miedo a lo desconocido

"Mi mandato es: "¡Sé fuerte y valiente! No tengas miedo ni te desanimes, porque el Señor tu Dios está contigo dondequiera que vayas". Josué 1:9.

Cuando el pueblo de Israel salió de la cautividad de Egipto, Dios lo llevó a través del desierto con la promesa de que entrarían a una tierra bendecida donde fluía leche y miel. En esa travesía, el Señor los condujo de la mano del gran líder Moisés, quien debido a un traspié no pudo entrar al lugar prometido. Dios levantó entonces un sucesor, Josué, mucho más joven que Moisés, y era lógico que él tuviera pánico por tomar semejante responsabilidad.

Josué no sabía guiar a un pueblo rebelde que se salía de control. Lo que sí sabía era que la tierra adonde iban era de mucha bendición porque la había visto tiempo atrás cuando entró allí como espía y vio sus enormes frutos. Así que el temor de Josué no era poseer la tierra porque sabía que Dios se la daría, su miedo era conducir a un pueblo que había sido capaz, con su rebeldía, de hacer pecar a Moisés y quitarle así la oportunidad de entrar a la tierra prometida.

Ese miedo a lo desconocido se convertía en una gran amenaza a la misión que estaba asumiendo Josué de cumplir la voluntad de Dios para su vida y para el pueblo de Israel. Por eso, el Señor le dice: **"esfuérzate y sé muy valiente.** No le dijo: *"yo te voy a esforzar y yo te voy a hacer muy valiente"*.

Hay cosas que nos toca hacerlas a nosotros mismos, que requieren voluntad propia, iniciativa interna para desarrollar lo que Dios quiere que hagamos en lo cotidiano. No esperes a que otros lo hagan por ti, es tu responsabilidad.

 *"No se preocupen por nada; en cambio, oren por todo. Díganle a Dios lo que necesitan y denle gracias por todo lo que él ha hecho. Así experimentarán la paz de Dios,*

que supera todo lo que podemos entender. La paz de Dios cuidará su corazón y su mente mientras vivan en Cristo Jesús". Filipenses 4:6-7.

Dios nos pide descansar en Él, que dejemos toda carga pesada a sus pies y que no estemos afanosos por nada. Que si el gobierno, que si el candidato de la izquierda, o de la derecha; eso no debe preocuparnos. No es nuestro asunto.

A veces nos la pasamos pensando en resolver problemas de familiares y amigos que Dios no nos delegó, y lo que hacemos es empeorar las cosas. Damos consejo a quien no lo pidió y terminamos siendo el antagonista de la película por entrometernos donde no debemos.

Debes enfrentar tus miedos en oración y estar muy cerca del corazón de Dios para entender Su palpitar, para discernir los tiempos y cómo conducirte, para permitir que Su presencia desvanezca todos tus temores y puedas dormir en paz.

Higiene del sueño

La higiene del sueño es un sistema de comportamientos que permite conciliar adecuadamente el sueño para poder dormir profundamente. Un sueño reparador está considerado por la Organización Mundial de la Salud como fundamental para lograr el bienestar psicofísico, junto a una buena actividad física y una dieta equilibrada.

Las personas con insomnio experimentan cambios de ánimo, irritabilidad, bajo rendimiento y dificultad en la concentración, lo que puede ocasionar accidentes de tránsito o mutilaciones si se está maniobrando maquinaria.

Dentro de la higiene del sueño se consideran situaciones como el hecho de que una persona vaya a la cama con mucho sueño, pero se despierte dos o tres horas después y no pueda volver a dormirse. Científicamente se explica que hay unos procesos implicados para una buena salud del sueño:

El *proceso circadiano*. Nuestro cuerpo tiene un reloj natural al que la ciencia llama "reloj circadiano" que nos ayuda a regular el sueño. Como su nombre lo indica, son los ciclos biológicos rítmicos repetidos a intervalos de al menos 24 horas.

Otro proceso es *el homeostático* que ayuda a estabilizar el organismo para volver a dormir. Si despiertas a mitad de la noche puedes levantarte, caminar, leer -ojalá la palabra de Dios- y regresar a la cama. No es aconsejable leer noticias negativas porque generan ansiedad que aleja el sueño.

Si en definitiva no concilias el sueño hay algunas cosas que puedes hacer y que a mí me han funcionado muy bien.

Primero, ora y descansa en Dios. Cuando me sobrecoge una preocupación que no me deja dormir lo primero que hago es decirle al Señor: "en ti descanso, en ti confío" y le entrego todas mis emociones. Créeme, por ser una persona perfeccionista me fue difícil aprender a no exigirme demasiado y soltarme en Dios, pero eso me ha traído mucha paz. No importa si entregaste tus cargas al Señor antes, recuerda, cada día debes hacerlo.

Segundo, debes ser consciente de lo que te roba el sueño, y buscar contrarrestarlo. En mi caso, me di cuenta que cuando estaba acostada y mi mente rondaba en un problema, mi cuerpo se entumecía y me dolía el cuello, los hombros y la cabeza. Tuve que hacer ejercicios, masajes y tomar pastillas para el dolor y relajar los músculos. Ahora, simplemente respiro profundo, suelto los músculos y si tengo el ceño fruncido, lo distensiono.

También tengo un audio con música de piano y con sonidos de la naturaleza. Cuando no logro dormir lo escucho, me funciona y relaja a mi bebé. En realidad, lo busqué por él y me sirvió a mí también.

Tercero, trabajo en mis pensamientos. Al acostarme, pienso que la noche se me dio para dormir y que es de suma importancia para mi reparación física y mental.

Es sorprendente cómo vuelvo a conciliar el sueño gracias a estas prácticas. ¡Gloria a Dios!

"La paz en el corazón da salud al cuerpo". Proverbios. 14:30a

Hay otros seis valiosos consejos que da la doctora Odile Romero, especialista en el sueño.

Evitar mirar el reloj porque la ansiedad que genera impide retomar el sueño.

No distraerse con ningún dispositivo electrónico porque la "luz azul" interrumpe el funcionamiento de la melatonina, hormona que causa el sueño. Según el Instituto Catalán de la Retina, la "luz azul" afecta el ciclo natural de vigilia y sueño: durante el día nos despierta y estimula, y una excesiva exposición por la noche puede dificultar el sueño. Inclusive, la doctora Romero aconseja: "si tienes que ir al baño enciende una luz tenue, nada de encenderlas todas".

Utilizar aplicaciones de meditación guiada que ofrecen música y sonidos que ayudan a aislarse y relajarse.

Practicar la respiración diafragmática que se logra poniendo una mano en el estómago y respirando profundamente hasta notar que el abdomen se eleva y vuelve a bajar. Si no se desvía la mente de este ejercicio, resulta calmante y relajante.

Realizar un pequeño paseo por la casa. "No recomiendo salir de la cama", dice la doctora Romero, "pero si te pones muy nervioso, levántate, da una pequeña vuelta de tres o cuatro minutos, mira que todos duermen y está todo cerrado, y vuelve a dormir. Es lo que decimos control de estímulos".

Cambiar de habitación. A ciertas personas les puede servir cambiar de lugar y leer un rato en lugar de continuar dando vueltas en la cama. Hacer alguna actividad monótona para despistar al cerebro puede ser también una buena estrategia para atraer el sueño.

La conclusión es que a medida que nos hacemos mayores necesitamos dormir menos y, por lo tanto, aumenta la fragilidad del sueño. Pero, como siempre, hay excepciones. Según la doctora Romero: *"Si eres una persona obsesiva o perfeccionista, cualquier problema te altera más y te despiertas a medianoche, mientras que la gente tranquila tiende a dormir mejor"*.

Como broma cuento que un amigo de la iglesia tiene este consejo para los que no pueden dormir. Les dice que lean la Biblia a mitad de la noche y Dios les dará descanso por su obediencia, y como el diablo no querrá que lean los dejará dormir. Ya sea por lo uno o por lo otro, igual dormirás.

CAPÍTULO 3.
DIOS ESTÁ EN CONTROL

Hemos aprendido a orar religiosamente, pidiéndole a Dios tomar el control en cualquier situación, pero Él no lo ha perdido en absoluto, siempre ha estado en control y seguirá estándolo. Lo que sucede es que el mundo está en caos como consecuencia de las malas decisiones de los seres humanos en ejercicio del libre albedrío con el que Dios dotó a la humanidad; Él quiso personas a su imagen y semejanza, afines a Él, parecidos en su esencia espiritual, no robots.

Así que no debemos orar para que Dios tome el control, sino entregarle la voluntad a Él suplicándole que nos abra los ojos y nos permita ver nuestros errores para arrepentirnos.

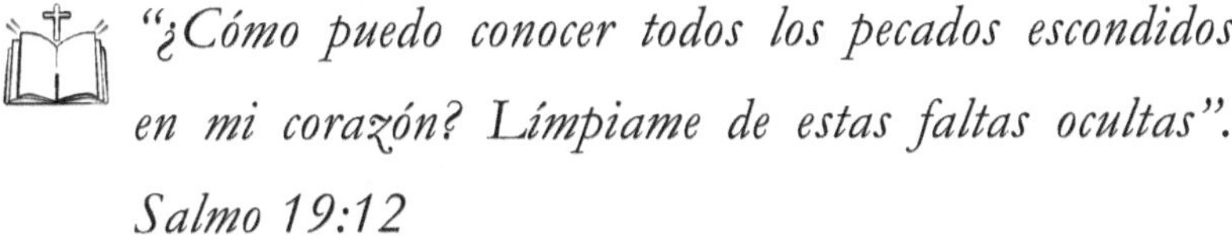 *"¿Cómo puedo conocer todos los pecados escondidos en mi corazón? Límpiame de estas faltas ocultas". Salmo 19:12*

La gente busca solucionar sus problemas, pero no le gusta pedirle a Dios que los transforme para que ellos puedan actuar y cambiar su situación. La mayoría de los problemas en los que nos metemos es por falta de madurez, de santidad, porque no hemos permitido que nuestro carácter sea moldeado. Trata cada día de mejorar tu carácter para ser una persona con quien sea agradable vivir.

Y entonces, descansa en que Dios conoce el final desde el principio; Él ya estuvo en tu futuro y lo sabe todo. Al Señor nada le sorprende por eso ten por cierto que estarás mejor en sus manos haciendo Su voluntad y disfrutarás de ver cómo Él tiene el control supremo.

 Lo único que confronta

al temor es la FE

Cuánto nos cuesta tener fe en momentos difíciles. Cuánto nos cuesta abandonar nuestras preocupaciones y dejar todo en manos del Creador y descansar en Él. Yo sé que no es fácil, pero te digo que no es imposible.

Confronta ese gigante del miedo con el escudo de la fe. Enfrenta toda circunstancia, así como David enfrentó a Goliat con una onda en su mano. Yo creo que ese niño tenía miedo, pero fue más grande su amor por Dios y su fe en el Creador, y eso lo llevó a quitarle la cabeza a ese gigante, aun cuando sus piernas temblaban.

Dios vio la actitud guerrera, fe y confianza de este jovencito y lo respaldó. No fue la piedra la que derribó a Goliat, fue Dios quien la utilizó para hacerlo. Así trabaja nuestro Padre Celestial; solo dale el material que necesita, la FE, y Él hará el resto, pues desea dibujar en tu rostro esa sonrisa de felicidad que tanto ama.

 *"Pues yo sé los planes que tengo para ustedes—dice el SEÑOR. Son planes para lo bueno y no para lo malo, para darles un futuro y una esperanza." Jeremías 29:11.*

 # El Secreto de la Paz Mental

La Paz de Dios

¿Qué es la paz de Dios?

En el Antiguo Testamento el término es Shalom (hebreo) y en el Nuevo Testamento, εἰρήνη [eirênê] (griego). Las dos palabras significan salud, descanso, serenidad, prosperidad, paz en el corazón. Dios es el único que puede dar esta paz en tu interior, nadie más puede hacerlo.

A veces tratamos de conciliar el sueño y no lo logramos porque permitimos que pensamientos perturbadores revoloteen y hagan nido en nuestra mente. He experimentado que cuando estoy acostada esperando dormir y mi mente divaga en ideas negativas mi corazón empieza a latir más rápido de lo normal.

No podremos dormir bien si nuestra mente no está en paz. Solo Dios da esa paz que sobrepasa el entendimiento humano y guarda el corazón y la mente.

 *"Así experimentarán la paz de Dios, que supera todo lo que podemos entender. La paz de Dios cuidará su corazón y su mente mientras vivan en Cristo Jesús". Filipenses 4:7*

"¡Tú guardarás en perfecta paz a todos los que confían en ti, a todos los que concentran en ti sus pensamientos!"
Isaías 26:3

Está en la Biblia. Dios quiere que seamos libres de todo yugo, de toda atadura demoníaca y de aquellas que nos impusimos o permitimos que otros nos impusieran. Las situaciones que nos causan daño pueden ser provocadas desde el mundo espiritual o gestadas por nosotros mismos por no alinearnos a la voluntad de Dios; como cuando nos ordena tener paz mental y no le obedecemos.

Tendemos a pensar en lo negativo y nos enfocamos más en lo que nos falta; debemos esforzarnos por ser felices con lo que ya tenemos. Jamás serás feliz con lo que te hace falta, pero puedes ser feliz con lo que ya tienes. Todo es cuestión de percepción, de cómo ves las cosas desde tu interior.

En Filipenses está el secreto de la paz mental, de tener emociones saludables:

"Y ahora, amados hermanos, una cosa más para terminar. Concéntrense en todo lo que es verdadero, todo lo honorable, todo lo justo, todo lo puro, todo lo bello y

todo lo admirable. Piensen en cosas excelentes y dignas de alabanza". Filipenses 4:8

Dios quiere que cuidemos nuestros pensamientos. La palabra pensamiento está conectada con la palabra corazón, ambos están en el alma y la palabra del Señor dice:

"Sobre todas las cosas cuida tu corazón, porque este determina el rumbo de tu vida". Proverbios 4:23

En la Biblia encontramos que los dos, corazón y pensamiento, se interconectan entre sí; van de la mano. Pensamos lo que sentimos y sentimos lo que pensamos. Cuidamos nuestra manera de comer, de caminar, la salud, las finanzas, a nuestra familia, pero descuidamos esa tarea que Dios nos encomendó de cuidar nuestros pensamientos y tener salud mental.

Algo para considerar, no te vayas a la cama enojado; entrega ese mal humor, ese desagrado, esa inquietud a Dios. De lo contrario, seguirás ahí acostado pensando y no conseguirás dormir.

"Además, no pequen al dejar que el enojo los controle. No permitan que el sol se ponga mientras siguen enojados". Efesios 4:26

Esto involucra todas las relaciones con amigos, familiares, compañeros de escuela y trabajo; sobre todo con tu pareja, que es con quien duermes. Pon de tu parte, trata de estar en paz con todos.

¡Ay de quienes pasan todo el día pensando en lo negativo, atrayendo para sí maldición y eso expresan con sus palabras! Recordemos que el Señor Jesucristo dijo que de la abundancia del corazón habla la boca; lo que hablamos es de lo que hemos estado rumiando.

"Todo lo que comen pasa a través del estómago y luego termina en la cloaca, pero las palabras que ustedes dicen provienen del corazón; eso es lo que los contamina. Pues del corazón salen los malos pensamientos, el asesinato, el adulterio, toda inmoralidad sexual, el robo, la mentira y la calumnia. Esas cosas son las que los contaminan. Comer sin lavarse las manos nunca los contaminará." *Mateo 15:17-20.*

En la Biblia no existe conflicto entre corazón y mente, ambos son considerados una integralidad. Es así que el corazón/mente define a los seres humanos como seres creados a la semejanza de Dios porque dice *Eclesiastés 3:11 "y Dios puso eternidad en sus corazones"*. El corazón/mente es la esencia espiritual del individuo.

"Jesús sabía lo que ellos estaban pensando, así que les preguntó: ¿Por qué tienen pensamientos tan malvados en el corazón?" Mateo 9:4.

Todo pensamiento que llegue a tu corazón pruébalo a la luz de la Palabra de Dios, lleva todo sentimiento a la presencia del Señor en oración y pregúntate si lo que estás sintiendo/pensando proviene de Dios o no.

¿Sí ves porque es tan importante cuidar los pensamientos? Cuídalos como a un tesoro. Mantén ocupada tu mente pensando en lo que dice Filipenses 4:8 NVI:

"todo lo que es verdadero, todo lo respetable, todo lo justo, todo lo puro, todo lo amable, todo lo que es de buena reputación".

Porque si continuamente piensas lo contrario, te llenarás de desilusión, desánimo y enfermedad.

La doctora Alexandra Villa-Forte, especialista en reumatología y vasculitis, afirma en un artículo publicado en el manual Merck de octubre de 2019: *"La mente y el cuerpo interaccionan de una manera tan poderosa que ambos pueden afectar la salud de una persona. El estrés social y psicológico puede desencadenar o agravar una amplia variedad de en-*

fermedades y trastornos, como la diabetes mellitus, la hipertensión arterial y la migraña. Es obvio que las emociones pueden afectar ciertas funciones corporales, como la frecuencia cardíaca, la presión arterial, la sudoración, los patrones del sueño, la secreción de ácidos estomacales y las evacuaciones intestinales".

En ser humilde de corazón y manso al no ofenderse, está la victoria sobre las emociones. Cuando te ofenden y no guardas en tu corazón ese desaire, sino que llevas toda agresión a la presencia de Dios, estás propiciando salud a tu corazón, el lugar donde emana la vida, así obtienes la victoria. ¡Recuérdalo! Cuando te ofenden y tú desechas rápidamente la ofensa y más bien perdonas, estás atrayendo el reino de Dios a tu favor, llamas las bendiciones hacia tu vida.

Quien retiene ofensas se convierte en discípulo de Satanás (¡que el Señor lo reprenda!). El enemigo puede conquistar tu corazón cuando retienes una ofensa. Toda persona que no perdona atrae para sí maldición.

Es mejor llevar la carga del Señor, siendo manso y humilde de corazón, que cargar con la falta de perdón.

Servir a Dios y no dejar de hacerlo

Con mi esposo y una hermana de la iglesia a donde recién habíamos empezado a asistir, decidimos ir a evangelizar en las calles de la ciudad a la que recientemente nos habíamos trasladado. Repartíamos folletos evangelísticos a los latinos que residían al sur de California y predicábamos en los parqueaderos de las grandes tiendas.

Unos quince días antes de que se me fuera el sueño yo había dejado de ir a cumplir con este compromiso evangelístico. En medio de mi crisis, empecé a preguntarme si sería esa la razón por la que Dios me quitó el sueño como un llamado de atención, así que, a pesar de que mi angustioso insomnio continuaba, retomé las salidas a compartir las buenas nuevas de salvación a las personas e invitarlas a la Iglesia.

Quiero dejarte una pequeña reflexión sobre no dejar de servirle a Dios porque es en el servicio donde te nutres espiritualmente y te sientes conectado con Dios y con la gente al mismo tiempo. Cuando servimos a la gente siempre estamos dando y el Señor dijo que es más bienaventurado dar que recibir (Hechos 20:35RVR 1960). Dando es como se recibe. Cuando servimos de corazón nuestra mente siempre está alerta para buscar la llenura del Espíritu Santo para seguir dando con excelencia.

 *Dios cuida de ti*

"¡Sean fuertes y valientes! No tengan miedo ni se desalienten por causa del rey de Asiria o de su poderoso ejército, ¡porque hay un poder mucho más grande de nuestro lado! El rey podrá tener un gran ejército, pero no son más que hombres. ¡Con nosotros está el SEÑOR nuestro Dios para ayudarnos y para pelear nuestras batallas por nosotros!». Las palabras de Ezequías alentaron en gran manera a la gente." 2 Crónicas 32:7-8.

Estas fueron las palabras que el rey Ezequías les habló a los capitanes del ejército de Judá porque se venía una guerra contra la nación que amenazaba quitarles todo y convertirlos en cautivos.

Dice el texto que el pueblo tuvo confianza en las palabras del rey e hizo oídos sordos a los insultos que sus enemigos pronunciaban contra Dios y contra ellos. Amenazas que buscaban bajarles el ánimo, causarles temor para desestabilizarlos como nación y encontrarlos divididos, apesadumbrados y sin energía, querían vencerlos moralmente antes de enfrentarlos físicamente en el campo. Así era que el malvado rey asirio ganaba las batallas y conquistaba pueblos y naciones.

La estrategia principal del diablo es esta, la batalla mental, precisamente en las emociones. Primero, lanza los dardos de temor, palabras de desánimo que cuando las personas las creen quedan desarmadas emocionalmente.

Todo lo que el rey asirio le decía al rey Ezequías y al pueblo de Judá lo encuentras en 2 Crónicas 32:10-17.

¿Te suena familiar? ¿Has vivido esto antes? Tienes que conocer las tácticas, las armas que el enemigo usa contra ti para que desactives esa bomba lanzada en tu contra. No des valor a esas palabras que desmejoran tu persona, que te hacen sentir mal, porque están cargadas de mentira y suciedad. No las creas.

Tú vales por lo que Dios dijo de ti, por cómo Él te mira a través de su hijo Jesucristo. Cuando eres hijo de Dios, lavado con su preciosa sangre por el sacrificio único y perfecto de la Cruz, nada de lo que diga el diablo en tu contra te vencerá si sabes caminar en fe y obediencia hacia el llamado de Dios en tu vida.

Tampoco escuches los chismes de gente que viene a hablarte mal de otros. Eso cargará tu espíritu. Tus oídos no son cestas de basura donde la gente pueda botar lo que se le antoje. Para acabar con un chisme basta con cambiar de tema o no prestar atención, y si hay insistencia, frena el comentario diciendo: "disculpa, no me interesa saber del asunto, es mejor que ores a Dios por él o ella". Te aseguro que el chismoso no volverá con otro comentario por el estilo.

Ahora, que tu pasado no te persiga. Déjalo donde debe estar. Solo debes traer tu pasado a tu presente para edificar a alguien, para dar el testimonio de cómo Dios te sacó de donde estabas e hizo de ti la mejor persona que eres ahora.

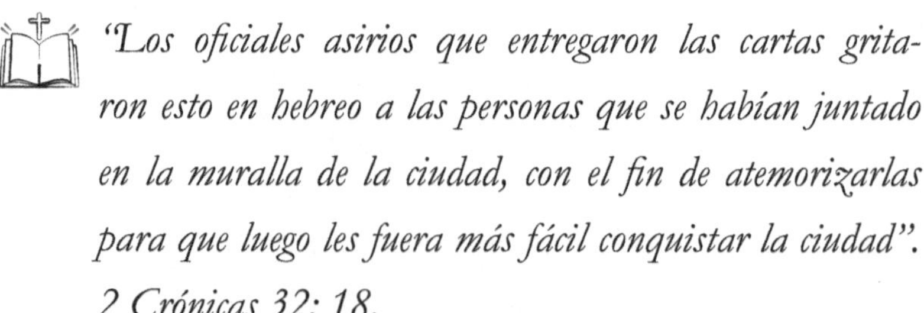 *"Los oficiales asirios que entregaron las cartas gritaron esto en hebreo a las personas que se habían juntado en la muralla de la ciudad, con el fin de atemorizarlas para que luego les fuera más fácil conquistar la ciudad". 2 Crónicas 32: 18.*

Dice la Escritura que estas palabras que el rey de Asiria lanzó contra el pueblo de Dios para desanimarlo, fueron llevadas por mensajeros a Jerusalén para que ellos las escucharan (2 Crónicas 32:9).

Hoy los mensajeros de Senaquerib son las noticias que escuchas a diario en los medios de comunicación masivos y en las redes sociales que mezclan verdades con mentiras. Soy de quienes creen que no debemos escuchar tantas noticias porque alteran los nervios y es eso lo que inconscientemente está enfermando a la gente.

La diferencia la hace nuestro Padre Celestial, por eso Él habla de su mensaje como: "Las buenas nuevas de Salvación".

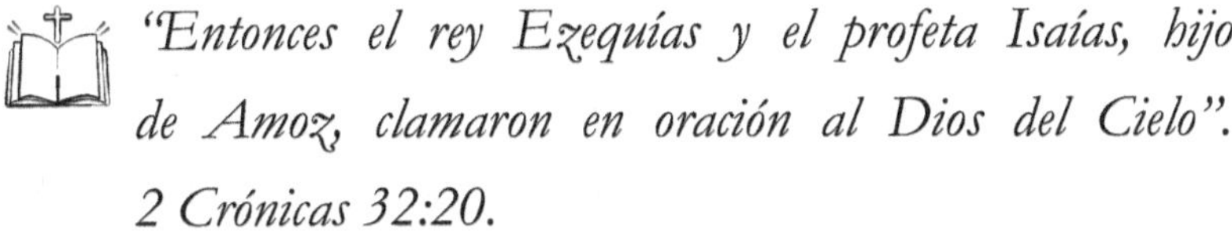

"Entonces el rey Ezequías y el profeta Isaías, hijo de Amoz, clamaron en oración al Dios del Cielo". 2 Crónicas 32:20.

Aquí está tu arma más poderosa: ¡La oración! y la respuesta fue contundente:

"Entonces el Señor envió a un ángel que destruyó al ejército asirio junto con todos sus comandantes y oficiales. Senaquerib se vio obligado a regresar a su propia tierra avergonzado; y cuando entró al templo de su dios, algunos de sus propios hijos lo mataron allí mismo a espada. Así es como el Señor libró a Ezequías y al pueblo de Jerusalén del rey Senaquerib de Asiria y de todos los

demás que los amenazaban. Entonces hubo paz por todo el país." 2 Crónicas 32: 21-22.

¡Dios siempre tendrá cuidado de sus hijos! ¡Aleluya, Gloria a Dios!

Un versículo que me ha acompañado a lo largo de mi vida ha sido este:

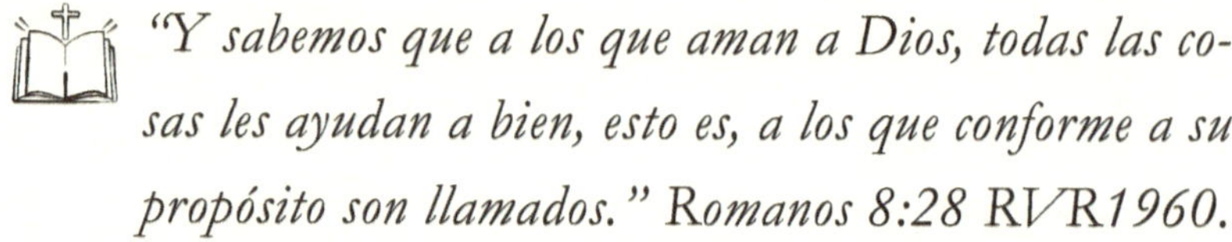 *"Y sabemos que a los que aman a Dios, todas las cosas les ayudan a bien, esto es, a los que conforme a su propósito son llamados." Romanos 8:28 RVR1960.*

Siempre ha sido un aliciente para mí, siempre lo recuerdo, siempre lo medito y siempre lo expreso en cada situación en la que me encuentro, sobre todo en las situaciones o etapas de mi vida que no entiendo.

Yo sé que después de todo veré la victoria en Cristo Jesús y me mantengo firme creyendo en Dios y en sus promesas sabiendo que todo lo que pasa en mi vida es con un propósito eterno porque ya no me pertenezco a mí misma, sino que mi dueño es el Padre, quien me compró con la sangre preciosa de Jesucristo, sacrificio perfecto hecho una vez y para siempre en la cruz del calvario.

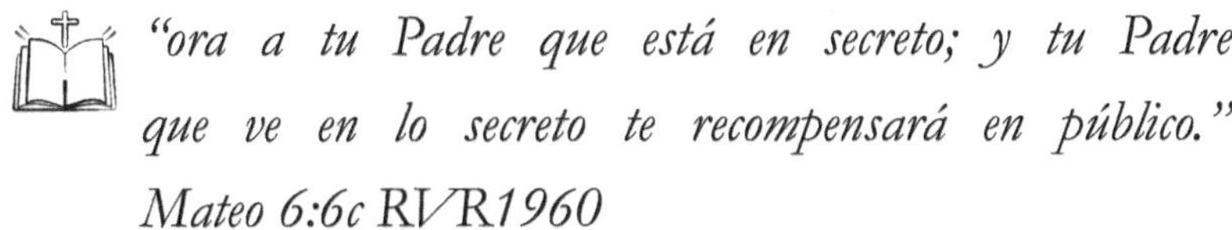 *El Padre quiere que ores*

"ora a tu Padre que está en secreto; y tu Padre que ve en lo secreto te recompensará en público." Mateo 6:6c RVR1960

Dios quiere que ores y si esa es la razón por la que no te deja dormir, por más que intentes conciliar el sueño no podrás hacerlo. Aprovecha ese momento, levántate, ve al baño, lávate la cara, toma tu Biblia y si puedes, arrodíllate y ora.

Hay secretos que Dios quiere revelarte, pero tu espíritu debe estar dispuesto a escucharlo. Él mismo quiere llevarte a un nivel más alto en el espíritu y se requiere para ello que estés más tiempo en su presencia.

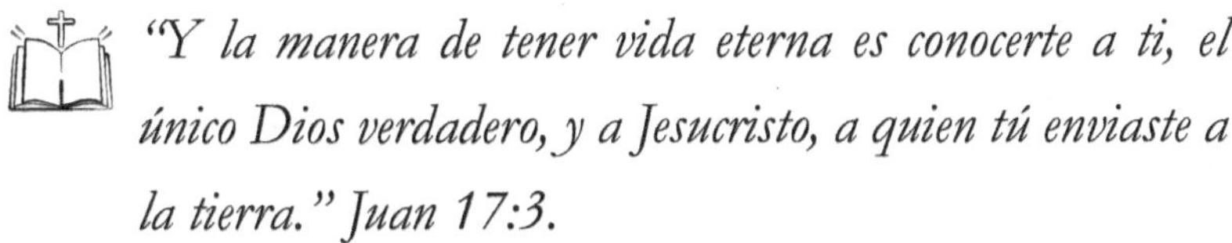 *"Y la manera de tener vida eterna es conocerte a ti, el único Dios verdadero, y a Jesucristo, a quien tú enviaste a la tierra." Juan 17:3.*

Busquémosle cuando todo está en silencio, cuando no hay distracción que nos impida orar de todo corazón. Jesús mismo oraba al Padre cuando aún no amanecía:

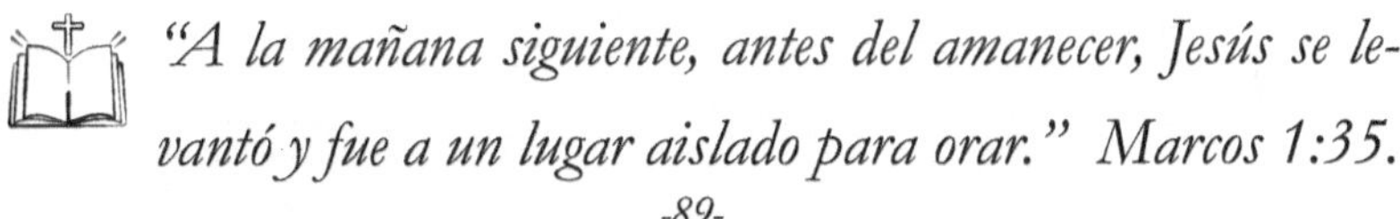 *"A la mañana siguiente, antes del amanecer, Jesús se levantó y fue a un lugar aislado para orar." Marcos 1:35.*

El mismo Dios vino a ser como uno de nosotros, Él se hizo hombre para darnos ejemplo en todo:

"Pues Dios los llamó a hacer lo bueno, aunque eso signifique que tengan que sufrir, tal como Cristo sufrió por ustedes. Él es su ejemplo, y deben seguir sus pasos." 1 Pedro 2:21.

Un dicho popular de Colombia dice: "El tiempo perdido lo lloran los santos".

También Benjamín Franklin dijo una vez: "¿Amas la vida? Pues si amas la vida no malgastes el tiempo, porque el tiempo es el bien del que está hecha la vida".

Por favor, recuerda siempre que no debemos desperdiciar el tiempo:

"Aprovechando bien el tiempo, porque los días son malos." Efesios 5:16 RVR1960.

En la noche Dios nos enseña y puede revelar a tu corazón la estrategia para lo que estás buscando, sea un trabajo, un negocio propio o cómo conquistar lo que deseas. Te dará las pautas a seguir.

"Adoro al Señor porque él me guía; incluso en la noche, me orienta y guía mis pasos." Salmo 16:7 PDT.

Es en la noche cuando el Señor examina nuestro corazón. No solo cuando estamos rodeados de gente y distraídos, también lo hace en medio de nuestra soledad, ahí Él nos prueba.

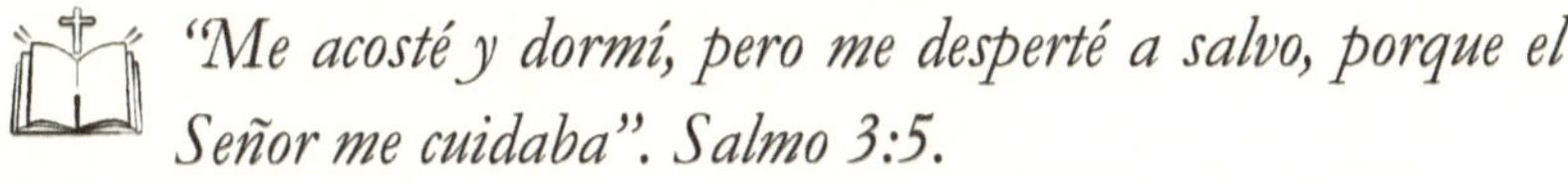

"Tú has examinado mi corazón; estuviste conmigo toda la noche, me interrogaste y no encontraste nada malo en mí. Examinaste mis planes y no encontraste nada malo en ellos". Salmo 17:3 PDT.

El rey David dice que Dios lo examinó toda la noche, sintió cómo Él lo interrogaba. Luego asegura que el Señor no pudo encontrar nada malo en sus planes y eso le sirvió de motivación para seguir adelante y cumplirlos. Pero puede suceder que Dios rechace tu trabajo o lo que estás planeando y te redirija por el mejor camino.

Ahora, finalizando el recorrido, espero que hayas descubierto qué fue lo que te quitó el sueño y poseas las herramientas necesarias para trabajar en el área de tu vida que fue afectada. Igualmente, que ayudes a otros a superar ese terrible trastorno.

Mi deseo querido amigo, amiga es que puedas decir con toda confianza como decía David:

"Me acosté y dormí, pero me desperté a salvo, porque el Señor me cuidaba". Salmo 3:5.

¡Amén!

ACERCA DE LA AUTORA

Jenifer C. Bautista Melo nació en Colombia. Desde muy temprana edad sintió el llamado de Dios para conocerle mediante libros de historias cristianas para niños. A la edad de 12 años aceptó a Cristo como Señor y Salvador de su vida y desde entonces recibió el llamado directo de Dios para servirle.

Es contadora pública graduada de la Universidad Francisco de Paula Santander de Colombia. En los últimos 10 años ha tomado el trabajo en la obra de Dios de tiempo completo.

Es licenciada en teología de Latin University of Theology de Inglewood, California, Estados Unidos, país en el que reside actualmente y donde ejerce el llamado misionero. Es esposa, madre y escritora de obras de literatura cristiana.